따뜻한 마음이 자라는
초등 그림책 쓰기 수업

따뜻한 마음이 자라는
초등 그림책 쓰기 수업

오정남·박은영·강현주 지음

테크빌교육

함께 웃음을 나누며
그림책 쓰기 수업을 해 온
모든 아이들과 선생님께
고맙습니다.

• 머리글 •

왜 '그림책 쓰기'인가?

그림책을 사랑하는 아이들

아이들은 그림책을 굉장히 좋아합니다. 많은 아이들이 그림책으로 글자를 익히고, 동심의 세계를 경험하며, 독창적인 세계를 만들어 갑니다. 특히 저학년들은 그림책에 대한 사랑이 남다른데요. 학교 도서관에 가 보면 저학년 아이들이 삼삼오오 모여 그림책을 옆구리에 끼고 빌려 가는 것을 쉽게 볼 수 있죠. 줄글 책이 부담스러워 독서를 즐기지 않는 고학년 아이들도 그림책은 부담 없이 읽습니다.

아이들은 시대를 뛰어넘어 그림책을 사랑해 왔습니다. 아이를 사랑하는 어른의 마음이 그림책에 담겨 있기 때문이죠. 아이들의 동심을 지켜 주기 위해, 아이들의 마음을 이해하고 풍부한 상상력을 키워 주기 위해, 어른들은 아이들의 눈높이에서 끊임없이 새로운 그림책을 만들어 왔습니다. 그래서 좋은 그림책에는 인간적인 따뜻함과 사랑이 있으며, 맑은 영혼의 노래가 흐르고 있습니다.

그림책이 아이들의 마음을 사로잡을 수 있었던 이유는 무엇일까요? 그림책은 단순히 삽화가 보조적으로 들어간 책과는 달리, 그림 자체가 스토리텔링으로서 큰 흐름을 만들어 냅니다. 이런 그림책의 특성은 독서의 부담을 상대적으로 낮춰 주죠. 쉽고 재미있는 그림책은 아이들에게 놀이가 되기도 하고 친구가 되기도 합니다. 이렇게 친구 같고 놀이 같은 그림책을 아이들이 어떻게 좋아하지 않을 수 있을까요!

아이들에게 꿈의 씨앗을 심다

그림과 글이 적절히 조화를 이룬 그림책은 상상력을 불러일으킵니다. 그림책의 그림은 글에 생기를 불어넣어 아이들이 직접 경험해 보지 않은 상상의 세계로 이끌어 줍니다. 그림책을 통해 아이들은 상상의 세계를 경험하고, 자신만의 세계관을 창조합니다.

아이들이 그림책으로 경험하는 상상의 세계는 현실과 동떨어진 것이 아니랍니다. 《어린이와 그림책》의 저자 마쓰이 다다시는 "인간의 눈으로 모든 것을 볼 수 있는 것이 아니며, 요정이 없다는 것을 모두 잘 알고 있지만, 《어린 왕자》를 읽은 사람의 가슴에는 어린 왕자가 살아서 움직인다."라고 했어요. 그림책이 소중한 이유는 그림책에 존재하는 인물, 배경, 사건이 아이들 마음속에서 생생히 살아 숨 쉬며 함께 자라기 때문입니다.

아이들은 그림책을 통해 꿈을 키워 나가며, 그림책 주인공처럼 삶의 주인공으로 씩씩하게 우뚝 서 살아갈 힘을 얻게 됩니다. 이렇게 아이들 마음속에 깊이 심어진 꿈의 씨앗은 아이들이 참되게 살아갈 수 있는 밑바탕이 될 것입니다.

초등학생도 그림책을 쓸 수 있나요?

마쓰이 다다시가 말했듯이 우리 모두 마음속에 어린 왕자가 존재합니다. 우리 기억 속에 담아 두었던 요정을 나만의 그림책으로 창조하여 만날 수 있다면 이 얼마나 굉장한 일인가요? 아무리 어린 아이일지라도 자신만의 이야기를 그림책으로 쓸 수 있는 잠재력을 가지고 있어요. 그림책 작가에 의해 읽고 듣고 맛보았던 경험에서 한 걸음 더 나아가 아이들의 창의적 본능을 두드리는 일, 마음속 요정을 만나는 일이 바로 초등 그림책 쓰기입니다.

앞에서도 이야기했듯이 초등학생들은 그림책을 굉장히 사랑합니다. 독서의 시작은 그림책이라고 해도 과언이 아닙니다. 아이들은 그림책을 통해 독서의 즐거움을 처음 경험합니다. 초등 중·고학년이 되어 책에서 멀어진 아이라도 선생님이 그림책으로 이끌어 주면 독서력을 끌어올릴 수 있어요. 그림책 읽기에서 한 걸음 더 나아간 그림책 쓰기는 아이들이 평생 독서가로 살아갈 수 있도록 하는 의미 있는 경험이 될 것입니다.

그림책을 한 권 완성했다는 것은 작가로 불릴 자격을 얻는 것이죠. 우리는 모두 잠재적인 작가라고 할 수 있습니다. 누구나 책을 쓸 수 있고 작가가 될 수 있죠. 한 권의 그림책을 완성하고 나면 아이들은 나중에 언제든 작가가 될 수 있을 거란 긍정적인 신념을 갖게 됩니다. 책 쓰기를 하면 자신의 관심 분야에서 전문성을 기를 수 있습니다. 그래서 그림책 쓰기는 아이들에게 미래의 꿈을 가꾸고 확장하는 계기가 될 것입니다.

아이들은 모두 스토리텔러다

아이들이 쓴 그림책은 그림보다는 이야기가 더 큰 비중을 차지합니다. 아이들이 그림을 그리는 데 아직 서투르기 때문이기도 하지만, 그보다는 이야기를 만들기가 더 쉽고 편하기 때문이죠. 아이들은 말하기를 좋아합니다. 어린아이의 말을 잘 들어보면 상상력을 동원해서 이야기를 만들어 내는 모습을 볼 수 있어요. 엉뚱하고 앞뒤가 전혀 맞지 않는 이야기지만 스토리텔러의 본능이 엿보입니다. 하지만 아이가 어렸을 때는 제멋대로 떠들어도 수용되던 이야기가 나이가 들면서 제재와 억압을 받죠. 초등학생의 그림책 쓰기는 억압되어 있는 이야기를 아이로부터 끄집어내어 스토리텔러로서의 본성을 충족시키는 일이기도 합니다.

1996년, 이탈리아의 신경심리학자 지아코모 리촐라티의 연구팀은 '거울 뉴런'이라는 신경세포를 발견했는데요. 이 신경세포는 타인의 행동과 말을 거울처럼 자신에게 비춰서 받아들이게 합니다. 우리가 타인의 이야기를 통해 공감 능력을 키울 수 있는 것도 이 세포 덕택이죠. 그림책 쓰기는 아이들의 공감 능력을 향상할 수 있으며, 감정 조절을 힘들어하는 아이들에게 자기 조절력을 키우는 경험도 제공합니다. 타인이 쓴 그림책에 공감하며 기쁨과 슬픔을 느끼는 건 우리가 살아가며 맛볼 수 있는 값진 행복 중 하나가 아닐까요?

한 학기 한 권 그림책 쓰기

또한 그림책 쓰기는 통합적인 교육 활동입니다. 읽기, 쓰기, 글쓰기, 그리기 등 다양한 교과 요소가 녹아 있죠. 그래서 한 편의 '그림책 쓰기 프로젝트'를 한 학기 동안 학년 교육과정으로 재구성하고 계획해 실행한다면 일거양득의 효과를 볼 수 있습니다. 다양한 분야의 책 읽기, 바른 글씨 쓰기, 삶을 가꾸는 감동이 있는 시 쓰기, 일기 쓰기 등 그림책을 쓰기 위한 사전 활동을 학년 교육과정의 성취 기준에 맞게 적용해 보세요. 한 권의 그림책 쓰기를 학기 초에 계획하여, 아이들과 함께 협의하고 목표를 공유하면 더욱더 아이들이 자발적으로 학습에 참여하는 모습을 볼 수 있을 거예요. 학급에서 한 학기에 한 권의 책을 선정해서 '온 작품 읽기'를 하듯이 한 학기에 한 권의 '그림책 쓰기'를 해 보세요. 그러면 아이들이 뿌듯한 성취감과 자부심을 가지고 한 뼘 더 성장하는 모습을 볼 수 있을 것입니다.

그림책에 쓸 수 있는 주제는 다양한데요. 막장 드라마, 아무 말 대잔치, 과학적인 지식, 우리 집 이야기 등등 그 어떤 것이라도 좋습니다. 전설적인 시나리오 닥터인 로버트 맥기는 '이야기는 균형을 찾기 위한 인간의 행위'라고 했어요. 어떤 이야기든 그림책 쓰기는 아이들의 마음을 변화시키는 작은 돌멩이가 될 것이고, 아이들의 기억을 붙잡아 둘 수 있으며, 아이들이 세상을 더 잘 이해할 수 있는 첫걸음이 될 것이라고 믿습니다.

아이들은 무궁무진한 이야기를 지니고 있지만, 그것을 한 권의 그림책으로 펴내는 일은 준비와 계획이 필요합니다. 선생님들이 잘 준비만 한다면 '그림책 쓰기 프로젝트'로 알찬 학급살이를 할 수 있습니다.

이 책을 통해 어떻게 하면 아이들의 상상 속 이야기를 멋진 그림책으로 펼쳐 낼 수 있을지 생생하게 담으려 했습니다. 아이들의 동심을 그림책으로 엮고자 하는 선생님들에게 이 책이 도움이 되기를 소망합니다.

머리글 왜 그림책 쓰기인가? • 6

1장 그림책 쓰기를 위한 준비 활동 • 17

01 문장력을 키우는 시 쓰기 • 19

01 좋은 시란 어떤 시일까? | 02 가짜 시를 찾아라! | 03 짧은 시는 암송해요! | 04 시를 필사해 보아요! | 05 노래로 만들어진 시를 함께 불러요! | 06 삶을 가꾸고 마음을 다지는 참 글쓰기, 시를 쓰자! | 07 좋은 시는 고치면서 탄생한다!

02 하루 한 줄 독서 일기 • 40

01 매일 30분 책 읽기가 중요한 이유 | 02 한 줄 독서 일기는 이렇게!

03 상상력이 흘러넘치는 그림 그리기 • 45

01 그림 자체가 스토리가 된다 | 02 '상징기' 시기, 저학년 그리기 기초 능력을 어떻게 키울까? | 03 보는 눈을 키워 주는 '자세히 그리기' | 04 이야기와 그림을 쉽게 연결 짓는 비주얼 씽킹 활용하기

04 아이들과 그림책을 어떻게 만나게 하는 것이 좋을까요? • 57

01 처음부터 끝까지 차근차근 만나요! | 02 면지는 정말 중요해요 | 03 숨은 그림을 찾아보아요! | 04 그림책을 읽어 주는 다양한 방법을 살펴보아요!

2장 그림책 쓰기를 위한 마중물 그림책 · 63

01 이야기를 쉽게 떠올리게 하는 그림책 : "표지만 봐도 내용이 상상돼요" · 65
01 이야기의 구조를 알려 주는 '꼬마 곰' 시리즈 | 02 상상력을 키워 주는 '윌리' 시리즈 | 03 아이들을 위로하는 그림책, 《틀려도 괜찮아》, 최숙희의 《괜찮아》

02 글쓰기 부담이 적은 그림책 : "나만의 톡톡 튀는 문장을 반복 패턴으로" · 73
01 흥미진진한 모험 이야기, 《곰 사냥을 떠나자》 | 02 단순한 소재라도 재미있어, 《그건 내 조끼야》 | 03 아이들이 좋아하는 똥 이야기, 《누가 내 머리에 똥 쌌어?》

03 상상력을 자극하는 그림책 : "동식물과 사물을 의인화하기" · 79
01 먹이사슬의 관계, 《거미와 파리》 | 02 생태계를 넘어선 반전, 《여우가 오리를 낳았어요》 | 03 무생물을 의인화한 《파랑이와 노랑이》

04 감정을 알아 가게 해 주는 그림책 : "지금 고흐의 마음은 해바라기입니다" · 85
01 스스로 감정을 지키는 법, 《마음아 안녕》 | 02 감정을 맛있게 요리하자, 《어린이 감정 요리법》 | 03 자기 감정을 들여다보기, 《화가 나서 그랬어!》

05 그림만으로 이야기를 이끌어 나가는 그림책 : "글이 없어도 그림책이 됩니다" · 91
01 외로운 아이의 하루를 그리다, 《고릴라》 | 02 입체적 그림체로 생동감을 더한 《구름빵》 | 03 연상 기법을 활용한 《빨간 풍선의 모험》

06 아이들의 삶을 닮은 그림책 : "우리들의 이야기가 곧 책으로" · 97
01 어린 시절의 추억, 《숨바꼭질》 | 02 가족애를 다룬 《앤서니 브라운의 행복한 미술관》, 우정을 다룬 《친구란 뭘까?》 | 03 반려동물을 주인공으로, 《안 돼!》

07 발상의 전환을 불러일으키는 그림책들 : "생각의 틀을 깨고 우주로" · 102
01 고전을 패러디하다, 《종이 봉지 공주》 | 02 콤플렉스를 극복하자, 《짧은 귀 토끼》

3장 그림책 쓰기, 어떻게 하면 좋을까? • 107

01 스토리텔러의 본능을 깨우자! : 발상 훈련 • 109
01 다양한 발상 놀이로 아이들의 상상력에 날개를 달아 주어요!

02 어떤 내용을 쓸까? : 주제 정하기 • 119
01 이야기의 주제로 적당하지 않은 것 세 가지! | 02 그림책을 쓸 수 있도록 징검다리가 되어 주는 이야기 주제 잡기

03 스토리 순서를 정하자 : 이야기 구조 만들기 • 126
01 나열식 구조 | 02 산 구조 | 03 계단식 구조

교실팁❶ '한 학기 한 권 그림책 쓰기' 학년별 지도 내용 • 129

교실팁❷ 교과와 연계한 그림책 쓰기 • 134

04 그림책 원고 쓰기 : 초고부터 퇴고, 스토리보드까지 • 136
01 초고 쓰기 | 02 초고 다듬기 | 03 초고 완성하기 | 04 내가 쓸 그림책은요! | 05 초고를 스토리보드에 옮겨 담으며 장면 나누기

05 그림책 제작하기 : 그림 그리고, 글 배치하고, 표지 만들고! • 140
01 그림책 쓸 때 유의점을 다시 한 번 읽어 보세요! | 02 초등학생이 쓸 수 있는 그림책의 종류를 알아보겠습니다!

06 그림책 소개하기 : 홍보 영상, 북콘서트, 출간 기념회 • 147
01 친구들이나 저학년 학생에게 들려주기 | 02 책 잔치 및 출간 기념회 열기

교실팁❸ 온라인 출간 기념회 열기 • 150

플러스활동 영어 그림책 쓰기, 어떻게 하면 좋을까? • 153

《엄마야 누나야》, 김소월 외 지음, 보리

1924년대부터 1946년까지 발표된 우리나라 동화와 동시를 남북이 갈라진 뒤 처음으로 모아 엮은 선집입니다. 방정환, 김소월, 주요한, 김동환, 윤극영, 유지영, 김기진, 최서해 등의 동시와 동화가 실려 있습니다.

《귀뚜라미와 나와》, 권태응 외 지음, 보리

1924년대부터 1950년 한국전쟁 전까지 발표된 우리 동화와 동시를 모은 책입니다. 널리 알려진 작가뿐만 아니라, 그동안 잘 알려지지 않은 작가와 작품들도 수록되어 있습니다.

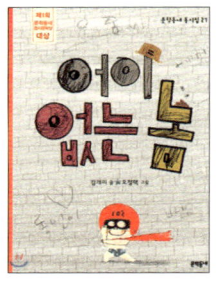

《어이없는 놈》, 김개미 글, 오정택 그림, 문학동네

제1회 문학동네 동시 문학상 수상작을 모아 놓은 동시집입니다. 관행적인 동시 쓰기에서 벗어나 새로운 관점을 보여 준 작품들만을 수록하여 온갖 공부에 시달리는 아이들의 지친 마음을 위로하여 줍니다.

02 가짜 시를 찾아라!

좋은 시를 들려주고 아이들과 시에 대해 대화를 나눈 후, 가짜 시를 찾는 놀이를 해 봅시다. 이 놀이를 통해 아이들은 어떤 시가 좋은 시인지를 체득합니다.

먼저, 제목이나 글감이 같은 시를 보여 주고 비교하면서 가짜 시와 진짜 시를 찾게 해 봅시다. '개(강아지)'가 글감인 세 편의 시를 읽어 봅니다. 처음에는 선생님이 천천히 읽어 줍니다. 띄어 읽기, 강조하기, 실감 나게 읽기 등 선생님이 시를 음미하

4장 우리 반 아이들은 모두 그림책 작가입니다 · 163

01 다양한 그림책 – 내용별 · 165
01 머릿속 상상을 그림책으로: 꾸며 낸 이야기 | 02 내 삶의 이야기를 그림책으로: 개인적인 이야기 | 03 지식과 정보를 그림책으로: 사실 이야기

02 다양한 그림책 – 형식별 · 194
01 만화 형식 그림책 | 02 위인전 형식 그림책

03 다양한 그림책 – 언어별 · 201
01 영어 그림책

04 그림책 작가가 된 아이들의 이야기 · 211

이 책에 실린 그림책 출처 모음 · 216

1장

그림책 쓰기를 위한 준비 활동

그림책에는 글과 그림이 함께 있는 그림책이 있고, 글자 없이 그림으로만 작가의 생각을 전하는 그림책이 있습니다. 아이들이 자기 이야기를 그림책으로 잘 표현하려면, 어느 정도는 문장 표현력이 있어야 하며 그리기에 자신감이 있어야 합니다. 그림책을 쓰기 위한 여러 가지 준비 활동과 그림책을 쓰는 과정은 학급 운영을 더욱 의미 있고 풍성하게 할 것입니다. 그림책에 나오는 글은 시처럼 함축적이며 리듬을 가지고 있어서 국어 교과의 시 쓰기와 연결할 수 있어요. 아이들의 발달 단계와 흥미에 맞는 다양한 그리기 활동은 우뇌를 자극하여 창의성과 표현력을 증진해 다른 교과에도 좋은 영향을 미칠 것입니다.
　한 학기에 그림책 한 권을 쓰는 것을 학급 운영의 목표로 정했다면 시 들려주기와 시 쓰기, 시로 만든 노래를 함께 부르기, 매일 한 줄 독서 일기 쓰기, 일주일에 한 번 다양한 그리기 활동하기, 시간 날 때마다 아이들이 좋아하는 그림책 읽어 주기 활동 등을 해 주세요. 그리고 나서 여름방학을 앞둔 7월 또는 학년 말에 그림책을 쓰면 됩니다. 학기 초, 아이들에게 학기 말에 그림책을 쓰자고 약속해 놓으면 아이들은 빨리 그림책을 쓰고 싶어서 안달이 날 거예요. 그러면 준비 완료입니다! 아이들이 자기 이야기를 그림책으로 엮어, 초등 작가로 변신할 시간이 된 것입니다.

문장력을 키우는 시 쓰기

01 좋은 시란 어떤 시일까?

그림책을 가만히 들여다보면 한 권의 시집을 닮았습니다. 그림책에는 운율과 감동이 있으며, 작가의 생각이나 느낌, 감정이 압축되어 있죠. 저학년은 시 쓰기를 좋아하고, 음악이나 춤을 통해 자신을 표현하는 것을 좋아하며, 타인의 시선과 상관없이 음악과 춤을 즐깁니다. 이러한 모든 활동에 부담을 느끼지 않는 연령대이기 때문입니다. 저학년 학생에게 시는 노래와 같은 느낌으로 다가오기에 시에 가락을 붙여서 흥얼거리는 아이들도 쉽게 볼 수 있어요.

저학년에서 고학년으로 갈수록 "시를 써 보자!"라고 하면 싫어하고 어려워합니다. 억지로 꾸며 써야 멋진 시가 되는 것으로 오해하는 아이들도 많아서 시를 쓰라고 하면 삶과 동떨어진 어색한 시를 쓰기도 합니다.

한국글쓰기연구회를 창립하신 이오덕 선생님은 우리 삶과 동떨어진 꾸며 낸 글은 거짓된 글이며 거짓 시라고 했죠. 아이들이 쓴 시도 아이들의 삶에서 출발해야 합니다. 아름다운 장면에 대한 시도 자신이 경험하고 느낀 것이 아니라면 거짓 시입니다.

  아이들이 자기 삶을 있는 그대로 진술하게 나타낸 진짜 시를 쓸 수 있으려면 먼저 좋은 시를 많이 들려줘야 합니다. 어떤 시가 좋은 시일까요? 이오덕 선생님은 자연의 모습을 생생하게 붙잡은 것, 인간의 마음이나 생활의 진실을 붙잡은 것, 남들이 보지 못한 사물의 생명을 붙잡은 것이라고 했는데, 추상적인 내용이기에 아이들에게 설명하기에는 어려울 수 있어요. 그렇다면 좋지 않은 시는 어떤 시를 말하는지 아래를 살펴보고 좋은 시에 대한 감을 잡아 보세요.

- **좋지 않은 시**
  - 생명감이 없는 것
  - 재미있게 말만 꾸며 맞추려고 한 것
  - 정확하게 대상을 붙잡지 못한 것
  - 같은 내용이나 형식으로 계속 쓴 것
  - 설명적인 표현으로 된 것
  - 평범한 것을 붙잡은 것
  - 개념적인 것
  - 모방한 것

  아이들과 좋은 시가 어떤 시인지를 이야기를 나눠 보았다면 이제부터는 좋은 시를 많이 들려줘야 합니다. 좋은 시를 들려줄 때는 아이들의 경험이 담긴 시를 선정하는 것이 좋아요. 그래야 공감이 되고 자기 삶도 한 편의 시가 될 수 있다는 자신감을 가질 수 있으니까요. 누구나 경험하는 이야기, 나도 겪었던 비슷한 이야기를 시로 만났을 때 시에 대한 대화는 더욱 풍성해집니다.

아이들에게 읽어 줄 좋은 시를 살펴볼까요.

봄

초2 배선빈

봄에는
벚꽃이 핀다.

계속 보고 있으니까
팝콘처럼 보였다.
그때 팝콘 같은 벚꽃 잎이 떨어졌다.
그래서
먹어 보고 싶어졌다.

배선빈이 쓴 시 〈봄〉은 왜 좋은 시일까요? 선빈이는 할머니랑 산책을 가서 직접 벚꽃 잎을 보고 느낀 점을 시로 나타냈어요. 초등 2학년 아이에게도 벚꽃 잎은 너무나 예쁘고 아름답게 보였나 봐요. 그런데 선빈이는 벚꽃 잎을 보고 팝콘을 떠올렸어요. 벚꽃을 보고 팝콘을 연상한 선빈이의 마음이 생생하게 느껴지면서 '아! 나도 그랬는데!' 하며 공감하게 되죠. 이런 시가 좋은 시입니다.

이 외에도 아이들에게 다음과 같은 좋은 시를 들려주세요. 좋은 시를 들려주고 나서 어떤 부분이 감동적인지, 나라면 어땠을 것 같은지 아이들과 대화를 나누며, 시를 더 깊이 읽는 시간을 가져 봅니다.

자	숙제	민들레 꽃잎
초5 김영아	초3 김병수	초2 박화영

자는
줄을 반듯하게
그어 준다.

자는
삼각형을 그릴 때도 쓰이고
사각형을 그릴 때도 쓰인다.

우리 마음을
반듯하게 그어 주는
자는 없을까?

숙제를 할때면
마음이 딴 데로 가 있고
많이 놀아도
덜 논 것 같고
제자리에 앉아 있을 수 없다.

쉬 눈다는 핑계 대고 나와도
오줌 한 방울 안 떨어진다.
이럴 때는
물 내리고 시치미 뚝 뗀다.

나는 꽃길을 지나가다
민들레를 보았다.

나는 민들레 쪽으로 가서
후우~
불었다.

민들레 꽃잎이
떨어진 곳에
새로운 민들레가 피었다.

좋은 시는 어디에서 찾을 수 있을까요? 다음 책과 시집들에는 좋은 시가 많이 수록되어 있습니다.

《글쓰기, 이 좋은 공부》, 이오덕 지음, 양철북
오랫동안 글쓰기 선생님들에게 사랑받아 온 《삶을 가꾸는 글쓰기 교육》의 개정판입니다. 글쓰기 교육의 참뜻, 글감 찾기, 글 쓰는 법, 글 고치기, 글 발표하기까지 단계별로 자세한 지도 방법을 싣고 있습니다.

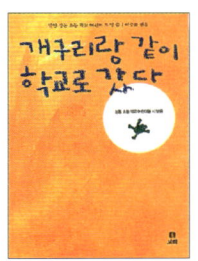

《개구리랑 같이 학교로 갔다》, 밀양 상동 초등학교 20명 지음, 보리
밀양의 시골 학교에 다니는 어린이들이 쓴 시를 통해 시의 참맛을 느낄 수 있어요. 좋은 시들이 많이 수록되어 있어 시를 지도할 때 유용합니다. 학교생활, 식구들과 밥 먹는 이야기, 깻잎 따기, 고추 다듬기, 콩 타작, 벼 타작 등 농촌 아이들이 만나는 일상을 꾸밈없는 시어로 솔직하게 표현했습니다.

《엄마의 런닝구》, 한국글쓰기연구회 엮음, 보리

어린이들이 쓴 시를 한국글쓰기연구회가 엮은 것으로 아이들에게 들려줄 만한 시가 많아요. 꾸며 쓰지 않은 시들을 통해 어떤 시가 좋은 시인지 안목을 키울 수 있습니다(1995년 초판). 체험에서 나온 솔직, 담백한 시에서 감동을 느낄 수 있습니다.

《새들은 시험을 안 봐서 좋겠구나》, 한국글쓰기교육연구회 엮음, 보리

한국글쓰기교육연구회가 엮은 시집으로, 초등학교 어린이 123명의 시입니다. 《엄마의 런닝구》2편이라고 보면 됩니다(2007년 초판). 어린이들이 가슴으로 느낀 것과 온몸으로 겪어 낸 것을 시로 담았습니다.

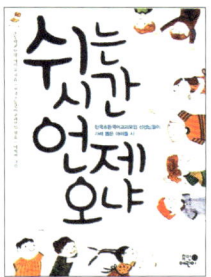

《쉬는 시간 언제 오냐》, 초등학교 93명 지음, 휴먼어린이

전국초등국어교과 모임 선생님들이 가려 뽑은 어린이 시 모음집입니다. 아이들의 고민, 친구와의 우정, 이성 친구에 대한 설렘, 가족에 대한 생각 등 다양한 주제의 시를 읽을 수 있습니다.

《비 오는 날 일하는 소》, 이호철 엮음, 산하

초판이 1991년이라서 옛날 아이들의 일하는 삶을 엿볼 수 있는 시가 많이 수록되어 있습니다. 우리나라에서 처음 출간된 한 학급 전체 어린이들의 시 모음집입니다. 동해 바다 근방 산골 어린이들의 사투리가 우리말의 정겨운 말맛을 느끼게 합니다.

며 제대로 읽어 주면 시의 감동을 더 깊이 느낄 수 있습니다. 선생님이 읽어 준 다음에는 아이들과 함께 읽어 봅니다. 각자의 느낌을 살려서 실감 나게 읽을 수 있도록 격려해 주세요. 시를 읽는 단계에서 아이들은 가짜 시와 진짜 시를 찾을 수 있을 거예요.

강아지(√)	강아지	개
초3 김시은	초4 김다빈	초2 김태우
꼬리는 살랑살랑 귀는 쫑긋쫑긋 우리 집 귀염둥이 초롱이 새근새근 잠잘 때도 냠냠쩝쩝 밥 먹을 때도 우리 집 최고 귀요미.	우리 할머니 집 강아지 자는 사이 팔려 간다. 나는 차 소리를 듣고 일어나 보고 강아지는 낑낑 소리 한 번 못 내 본다. 강아지 불쌍한 강아지 가서 아저씨 몰래 강아지를 데리고 오고 싶은 마음.	강아지는 밥 주고 물도 주고 다 해 주는데 우리 사람은 자기가 다 해야 하지. 강아지는 자기가 안 하고 우리가 해 주니까 참 좋겠다.

* 가짜 시를 (√)로 표시했습니다.

시를 다 읽은 후 어떤 시가 진짜 시이고 가짜 시 같은지 생각을 나누어 봅니다. 왜 그렇게 생각하는지 이야기를 나누다 보면 좋은 시를 보는 눈이 생기기 시작합니다.

아이들과 시 대화는 이렇게 나눠 보세요.

— "개(강아지)에 대한 세 편의 시 중에서 가장 마음에 와 닿는 시는 무엇일까?"
— "어떤 점(어떤 내용 또는 어떤 부분)이 마음에 와 닿았을까?"
— "가장 마음에 드는 표현을 찾아보자."
— "흉내 내는 말을 실감 나게 표현한 시는 어떤 시일까?"
— "어떤 시가 가짜 시 같은지 찾아보고 그 이유를 말해 볼까?"
— "어떤 시가 진짜 시 같은지 찾아보고 그 이유를 말해 보자."

김시은의 시를 가짜 시라고 분류한 가장 큰 이유는 바로 '감동'이 없다는 것입니다. 글쓴이가 삶에서 포착한 한순간의 감정이 녹아들어 읽는 이에게 공감을 불러일으키는 시가 진짜 시입니다. 시은이의 시에서는 그런 감동을 찾을 수가 없습니다. 흉내 내는 말이 들어갔다고 하여 좋은 시가 되는 것이 아니라 그 장면에서 꼭 필요한 표현이 들어가 그때의 느낌과 생각을 풀어 줘야 좋은 시가 되는 것이죠.

가짜 시를 찾는 놀이는 다양하게 응용할 수 있어요. 모둠별 경쟁 놀이, 골든벨 퀴즈 형식, 대화식 수업 등 학급 특성에 맞게 국어 교과의 시 단원에 맞춰서 하길 권합니다. 시를 들려줄 때는 그냥 말로만 들려주는 것보다는 화면이나 칠판에 적어서 보여 주면서 들려주는 것이 좋습니다. 시를 배울 때는 항상 행과 연으로 나누어진 시의 형식을 시각적으로 자연스럽게 접할 수 있게 하면 좋습니다.

진짜 시라고 생각하는 곳에 모둠 번호 적기

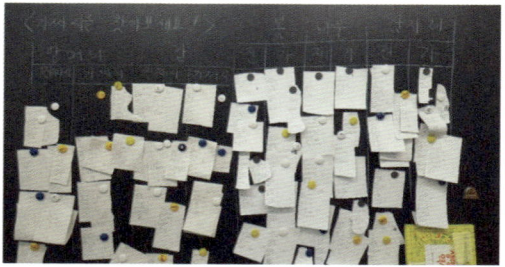
모둠별로 의논하여 진짜 시와 가짜 시를 분류하기

'개(강아지)'에 관한 시로 가짜 시를 구별하는 안목을 키웠다면 제목이 같은 다른 시들을 보여 주면서 가짜 시를 찾게 해 보세요. 아이들은 가짜 시를 찾는 것을 생각보다 어려워합니다. 진짜 시와 가짜 시를 찾는 활동을 반복하다 보면 시를 보는 힘이 생기고 좋은 시를 쓸 수 있게 됩니다.

달리기(√)	달리기	달리기
초5 김자영	초2 주환휘	초3 곽윤세
체육 시간에 달리기를 했다. 나는 3등을 했다. 내 뒤에는 2명이 더 있었다. 1등을 한 범진이가 놀렸다. 체육 시간이 끝나고 교실로 갔다.	줄에 서 있으면 가슴이 뛴다. 꼴찌하면 어쩌지? 엄마가 와 이래 못하노 할까봐 걱정이다.	오늘 달리기를 했다. 호루라기를 불면 아이들이 후다다닥 뛰어간다. 내 차례가 되니 가슴이 콩닥콩닥 정말 떨린다. 나는 손에 힘을 주고 발에도 힘을 준다.

* 가짜 시를 (√)로 표시했습니다.

김자영의 시는 가짜 시입니다. 그 이유는 무엇일까요? 자영이가 이 시에서 표현하고 싶었던 것은 달리기에서 비록 3등을 했지만 그래도 꼴찌는 아니어서 다행이라는 점과 범진이가 놀려서 기분이 나빴던 일이겠죠. 자영이는 그런 느낌과 생각을 생생하게 자신만의 시어로 담지 못했어요. 좋은 시를 쓰려면 진득하게 주의를 기울여 관찰하면서, 그 상황에서 어떤 느낌이나 생각이 들었는지를 꽉 붙잡아야 해요.

'비' 또는 '비 오는 날'에 관해 아이들이 쓴 시 세 편을 읽고 가짜 시 찾기 활동을 해 보세요. 시를 쓴 아이들은 비 오는 날에 각각 어떤 생각을 했는지, 또 비를 어떻게 표현하고 있는지 시 속에서 찾아보도록 안내해 주세요.

비(√)	비 오는 날	비
초5 김지혜	초2 김상우	초5 박수진
비가 주룩주룩 내 우산 위로 통통통 온 세상에 비가 내린다. 내 우산은 어몽어스 우산 우산을 쓰고 학교에 간다.	비가 온다. 오늘도 못 놀겠다. 하긴 비 오는 날 놀면 발도 축축해지고 비도 맞지, 하지만 하지만 너무너무 놀고 싶다. 그냥 놀고만 싶다.	비가 온다. 다다닥 툭툭 다닥 창밖을 내다보니 처마 끝에 빗물이 길다랗게 달렸다. 다닥 툭 떨어진다. 팍 튕긴다. 손가락을 내미니까 손가락에 틱 떨어진다. 왠지 마음이 상쾌하다.

*가짜 시를 (√)로 표시했습니다.

김지혜의 시는 누구나 쓸 수 있는 평범한 시입니다. 여기서는 가짜 시로 분류하겠습니다. 비가 오는 날 세상이 어떤 모습인지 더 자세히 살펴보고 자신만이 느끼는 소리, 냄새, 느낌을 표현한 김상우, 박수진의 시가 좋은 시예요.

가짜 시 찾기 활동에 앞서 좋은 시를 미리 수집해서 우리 반 아이들을 위한 시선집을 만들어 놓으면 두고두고 활용할 수 있어요. 도화지 크기에 적어서 칠판에 붙여 둬요. 그러면 아이들이 오고 가며 시를 자주 들여다보는 것을 볼 수 있어요. 아이들이 시를 베껴 쓸 때나 시를 외울 때도 쉽게 활용할 수 있어요.

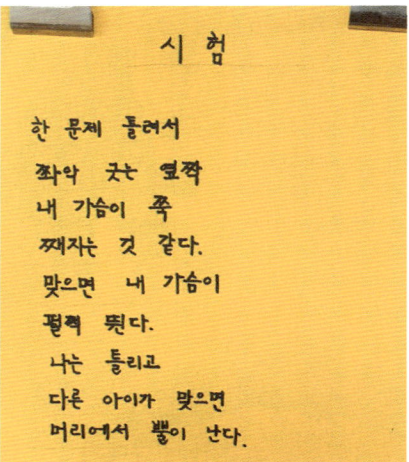

03 짧은 시는 암송해요!

진짜 시에 대해 안목을 키웠다면 이제 좋은 시로 다양한 활동을 해 보세요. 먼저 좋은 시를 암송하는 활동을 해 보세요. 리듬감이 있고 짧은 시는 외우기 쉬워서 아이들이 시와 금방 친해질 수 있습니다.

감자꽃
권태응

자주 꽃 핀 건 자주 감자,
파 보나 마나 자주 감자.

하얀 꽃 핀 건 하얀 감자,
파 보나 마나 하얀 감자.

겨울
윤동주

처마 밑에
시래기 다래미
바삭바삭
추워요.

길바닥에
말똥 동그래미
달랑달랑
얼어요.

봄비
김석전

비가 그쳤네.
햇빛이 반짝어리네.
세수한 산과 들이
수군거리오.
"어어, 시원하구려."
"어어, 시원하구려."

논갈이
김오월

쟁기질
소가
욱— 욱— 가네.

땅이
푹푹
푹푹 파지네.

첫봄
박고경

땅바닥을
텅!
내려디디면

물숙하니
들어가는
힘나는 첫봄.

호주머니
윤동주

넣을 것 없어
걱정이던
호주머니는,

겨울만 되면
주먹 두 개 갑북갑북.

외운 시는 짝지와 돌아가며 암송하기, 여러 사람 앞에서 시의 분위기를 살려 암송하기, 즉흥 노래로 불러 보기, 가족들 앞에서 시 낭송하기 등을 하게 합니다. 저학년들에게는 외운 시로 노래를 만들어서 불러 보게 하거나, 동작을 넣어서 암송하게 해 보세요. 고학년들에게는 좋아하는 시를 외우거나, 시화를 꾸미게 합니다. 이런 활동은 시를 온몸으로 체득함으로써 시에 대한 거리감을 좁혀 부담 없이 시를 쓰게 하는 원동력이 될 것입니다.

04 시를 필사해 보아요!

시 쓰기에 대한 부담을 줄이고 자신감을 키우기 위한 또 다른 방법으로 시를 필사해 보는 건 어떨까요? 작가들이 문장력을 키우기 위해 실천하는 좋은 방법 중 하나가 필사입니다. 좋아하는 작가의 책, 문장이 빼어나다고 생각하는 책을 필사하며 문장력을 높이려 애쓰는 사람들이 많은데요. 시 쓰는 것이 어렵고 막막하여 쓰기 싫어하는 아이들에게 시를 베껴 쓰게 하면, 시를 좀 더 편안하게 생각하고 쓸 수 있습니다. 시를 필사하는 과정을 살펴보겠습니다.

- 동시 고르기

좋은 동시를 수록한 동시집이나 프린트물에서 좋아하는 시를 고르게 합니다.

- 시에 대한 질문과 답하기

시에 대해 질문 나누기를 합니다. 다음과 같은 질문은 시를 이해하는 나침반이 될 것입니다.

―"그 시를 고른 이유는 무엇인가요?"

―"마음에 드는 행이나 연은 무엇이며 그 이유는 무엇인가요?"

―"그와 같은 경험을 한 적이 있나요?"

―"시에 나타난 시인의 마음은 어땠을까요?"

• 시 필사하기

시를 공책이나 A4 용지에 베껴 쓰게 합니다. 용지 여백에 시와 관련되는 그림을 그리는 것도 좋아요. 베껴 쓰기를 한 시는 아이들이 서로 바꿔서 다시 베껴 쓰게 합니다. 베껴 쓰기를 어느 정도 했다면 반 아이들에게 가장 마음에 드는 시를 골라 보게 합니다. 우리 반 아이들이 가장 좋아하는 시를 뽑는 활동은 신나고 기대되는 시간입니다. 내가 뽑은 시가 우리 반 아이들이 가장 좋아하는 시로 뽑히는 건 멋진 경험이니까요.

시 암송하기와 시 베껴 쓰기를 하면서 자연스럽게 시의 압축성, 운율, 연과 행의 나눔에 대해 이야기를 해 주면 시 쓰기를 하는 데 큰 도움이 됩니다. 이렇게 하면 시 쓰기가 노래나 놀이처럼 즐거운 활동으로 인식되어 '시=어렵고 지겨운 것'이라는 선입견에서 벗어날 수 있습니다.

05 노래로 만들어진 시를 함께 불러요!

시골 학교에서 1학년 담임을 한 적이 있었는데, 우리 반 남학생들은 활기차고 명랑한 데 비해 여학생들은 너무 수줍음이 많아서 자기 목소리를 내지 못했어요. 심지어 종일 말 한마디 하지 않는 여학생도 있었죠. 그때 마침 동시를 노래로 만든 자료를 구해서 매일매일 아이들과 불렀는데, 여학생들의 행동이 눈에 띄게 변하기 시작했어요. 언제 어디서든 노래를 즐겨 부르면서 여학생들의 목소리가 커지고 타인 앞에서 자기 생각을 자신 있게 나타낼 수 있게 되었죠. 아이들의 행복을 위해서 시와 노래가 꼭 필요하다는 사실을 실감한 해였습니다.

어른들이 잘 아는 추억의 동요 중에는 원래 동시였던 것이 많습니다. 어린 시절에 그 동시들을 우리가 노래로 부르지 않았다면 벌써 잊어버렸을 거예요. 이런 시는 읽자마자 저절로 노래로 흥얼거려지기에 마음이 따스해지고 감동에 젖게 됩니다. 다음은 노래로 부른 대표적인 동시들입니다.

햇빛은 쨍쨍

햇빛은 쨍쨍 모래알은 반짝
모래알로 떡 해 놓고
조각돌로 소반 지어
누나 엄마 데려다가
맛있게도 냠냠냠

…(이하 생략)…

엄마야 누나야

김소월

엄마야 누나야 강변 살자.
뜰에는 반짝이는 금모래빛,
뒷문 밖에는 갈잎의 노래,
엄마야 누나야 강변 살자.

고드름

유지영

고드름 고드름 수정 고드름
고드름 따다가 발을 엮어서
각시방 영창에 달아 놓아요.

각시님 각시님 안녕하세요.
아침에는 해님이 문안 오시고
밤에는 달님이 놀러 오시네.

고드름 고드름 녹지 말아요.
각시님 방 안에 바람 들면은
손 시려 발 시려 감기 드실라.

학급 운영에 참고할 만한 '시를 노래로 만든 자료'로 《보리 어린이 노래마을》과 《아름다운 노래세상》을 추천합니다.

작곡가이자 시인이며 가수인 백창우 선생님이 엮은 《보리 어린이 노래마을》은 시와 노래와 그림을 하나로 묶어 누구나 쉽게 배우고 따라 부를 수 있죠. 총 6권으로 쉬는 시간이나 점심시간에 틀어 주면 아이들이 저절로 따라 부르는 모습을 보게 될 거예요.

《보리 어린이 노래마을》, 백창우 엮음, 보리

《아름나라 노래세상》은 고승하 선생님이 낸 노래집과 음반입니다. 아이들의 솔직한 감정을 잘 담은 시를 재미나고 즐거운 노래로 만들었습니다. 노래에 공감 가는 부분이 많아서 가사를 쉽게 익힐 수 있고, 따라 부르다 보면 교실 분위기가 한층 밝아지는 것을 느낄 수 있을 거예요. 수줍음이 많고 소극적인 아이, 자기표현이 서툰 아이들이 이 노래들을 따라 부르면서 다른 사람 앞에 나설 때 한층 자신감을 갖는 모습을 많이 보았습니다.

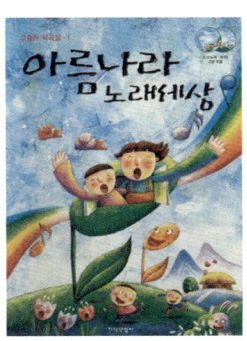

《아름나라 노래세상》, 고승하 지음, 지식산업사

06 삶을 가꾸고 마음을 다지는 참 글쓰기, 시를 쓰자!

이제 시를 써 봅시다! 막상 아이들에게 시를 쓰게 하는 일은 생각보다 만만치 않습니다. 그러므로 시의 소재나 구조를 구체적으로 지도해야 합니다.

① 무엇을 쓸까요?

아이들이 시 쓰기를 부담스럽게 느끼지 않게 하려면, 시의 소재를 아이들이 쉽게 찾을 수 있도록 안내해야 합니다. 아이들이 쉽게 시를 쓸 수 있는 좋은 소재는 아이들의 생활과 관련된 것입니다. 아이들이 보고 듣고 경험한 것에서 시의 소재를 찾게 해야 좋아요.

  아이들은 어른들보다 더 많은 것을 보고 듣습니다. 길고양이를 보고 그냥 지나치지 못해 쫓아가기도 하고, 개구리나 개미를 발견하면 절대 무심하게 지나치는 일이 없죠. 그런데 막상 경험한 것을 소재로 아이들에게 글을 쓰라고 하면 생활 글은 잘 쓰지만, 시로 표현하는 건 어려워합니다. 평범한 경험을 쭉 나열하기는 쉽지만, 그 경험이 마음을 울리지 않았을 때는 시 쓰기가 쉽지 않기 때문입니다. 더구나 학교와 학원을 오가는 어제오늘이 비슷비슷한 아이들의 일상에서 시의 소재를 찾는 건 어려운 일이죠. 그래서 '시 쓰기를 위한 다양한 경험하기'를 교육과정과 연계하여 운영해야 합니다. 그러면 시 쓰기가 일회성에 그치지 않고, 아이들 삶 속에 시를 녹여 낼 수 있어요.

② 시의 소재를 쉽게 찾는 경험에는 무엇이 있을까요?

  시의 소재를 찾기 위해서 다양한 경험과 관찰을 하게 하면 좋습니다. 다음의 활동을 추천합니다.

- **날씨를 소재로 한 시 쓰기**: 비 오는 날, 눈 오는 날에 우산 쓰고 맨발로 운동장 걸어 보기, 비를 자세히 살펴보고 냄새와 소리를 느껴 보기, 바람이 많이 불 때 그 모습을 관찰하기
- **자연에서 소재 찾기**: 강아지풀을 뜯어 냄새를 맡고 친구에게 간질여 보기, 쑥을 캐고 냄새를 맡아 보기, 떨어진 꽃잎을 자세히 관찰하기, 여러 가지 곤충을 찾아보고 관찰하기
- **놀이나 운동을 한 후 시 쓰기**: 피구, 축구, 배드민턴, 줄넘기 등 운동을 하고 시 쓰기, 친구와 놀고 난 다음에 느낀 점 쓰기

- **일한 후 시 쓰기**: 부모님 어깨를 주무르거나 손발 씻어 드리기, 설거지와 빨래 같은 집안일 하기, 텃밭이나 화분의 식물 가꾸기

특별한 경험을 위해 숙제를 내줄 수도 있고 창의적 체험활동 시간에 운동장 놀이를 계획할 수도 있습니다. 학교 주변에 숲이 있다면 숲을 활용하면 더없이 좋겠죠. 이런 경험을 하고 나면 그 순간의 느낌과 감동을 붙잡아 좋은 시를 쓸 수 있습니다.

저학년이 쓰기 좋은 소재로는 반려동물이 있습니다. 주의할 점은 소재가 아무리 좋아도 그것을 꿰뚫어 보는 눈이 없다면 좋은 시가 나오기 어렵습니다. 무엇이든 자세히 관찰하고 탐색하는 태도를 평소에 아이들에게 강조하는 것이 좋습니다.

"자세히 관찰하세요!"라는 말만으로는 아이들의 관찰력을 키우기는 어렵습니다. 선생님이 먼저 자주 시범을 보여 주세요. 땅에 떨어진 나뭇잎이나 꽃을 실물화상기로 비춰 주면서 잎맥이 어떻게 펼쳐지며 색깔은 얼마나 다양한지, 꽃잎 한 장의 모양과 규칙성 등에 대해 아이들과 이야기해 보세요. 그러면 아이들이 사물을 보는 눈이 몰라보게 달라지는 것을 볼 수 있어요.

③ 어떻게 쓸까요?

시는 감동이 일어난 순간을 잘 포착하는 것이 중요합니다. 단순한 문장의 나열이 되지 않도록 마음속에 어떤 움직임이 있었던 순간을 포착하게 하는 것이 시 쓰기에서 가장 중요한 핵심입니다. 감동적인 그 순간이 중심 덩어리가 되고, 중심 덩어리를 살리기 위해 여러 보조 문장이 필요한 것이죠. 경험이 짧은 문장으로 나열되어도 우리에게 감동을 주는 이유는 감동이 있는 중심 덩어리가 있기 때문이에요. 중심 덩어리가 없는 시는 단순하고 밋밋한 시, 힘없는 시가 되죠. 또, 중심 덩어리를 살려 주는 보조 덩어리가 성의가 없어도 감동을 잘 살려 낼 수 없어요.

그렇다면 중심 덩어리를 어떻게 찾아야 할까요? 아이들이 어떤 경험을 했을 때

"아!" 하고 외쳤던 바로 그 순간을 잡아야 합니다. 반 아이들에게 질문해 보세요.

- "가장 재미있었던 그 순간이 언제였니?"
- "얘들아, 너희가 친구랑 놀다가 마음에 '헐', '야!', '어머나!' 하고 외쳤던 순간을 떠올려 봐."

그러면 아이들이 그때 일을 기억해 내고 말로 술술 풀어낼 거예요. 그것이 바로 시의 중심 덩어리죠.

중심 덩어리를 포착했다면 중심 덩어리의 감동을 더해 줄 문장을 앞뒤로 배치하면 됩니다. 다만, 시에 따라 중심 덩어리만으로 충분할 수도 있고, 중심 덩어리가 중간이 아니라 맨 앞에 오거나 뒤쪽에 들어갈 수도 있어요. 시의 전개 방식에 대해서는 "형식에 얽매이지 말고 자유롭게 쓰세요."라고 미리 말해 준다면, 아이들이 시를 쓰는 데 부담을 느끼지 않을 거예요.

시를 다 썼으면 천천히 읽어 보고 반복되는 문장이나 필요 없는 문장을 지웁니다. 그런 다음, 시의 구조에 맞게 옷을 입혀 보세요. 시의 구조는 행과 연으로 이루어집니다. 한 줄, 한 줄을 '행'이라 하고 여러 행이 모인 것을 '연'이라고 하는데, 아이들한테는 이해하기 쉽게 다음과 같은 예를 들어 시 구조를 설명해야 좋습니다.

"엄마가 항아리에 곡식을 보관하거나 반찬통을 냉장고에 보관할 때, 재료를 따로따로 보관하듯이 한 연이 하나의 항아리나 반찬통이라고 생각하렴. 자신의 경험을 나열한 글을 비슷한 느낌이나 내용끼리 각 항아리에 담듯이 연으로 나눠 보자."

감탄을 나타내는 감탄사와 감탄 어미, 직유법과 은유법, 의성어와 의태어, 의인법과 같은 여러 가지 표현법은 시에 옷을 입히는 일입니다. 아이들이 겪은 경험을 더 실감 나게 감동을 담아 전할 수 있게도 하죠. 이런 방법들을 익히면 자기 시를 스스로 고칠 수 있으며, 더 좋은 시를 쓰는 바탕이 됩니다.

④ 다양한 표현으로 문장에 옷을 입혀 봅시다

"물웅덩이에서 시간 가는 줄 모르고 놀다가 옷을 다 배렸다."라는 문장을 가지고 시에 옷을 입히는 다양한 방법을 익혀 봅시다.

물웅덩이에서 시간 가는 줄 모르고 놀다가 옷을 다 배렸다.

- **감탄사 넣기**
  물웅덩이에서 시간 가는 줄 모르고 놀다가 옷을 다 배렸다.
  아이고, 어쩌나!

- **감탄 어미 사용하기**(-네, -구나, -군, -요 등)
  물웅덩이에서 시간 가는 줄 모르고 놀다가 옷을 다 배렸네!

- **의성어·의태어 넣기**
  철버덕 철버덕.
  물웅덩이에서 시간 가는 줄 모르고 놀다가 옷을 다 배렸네.

- **문장 순서 바꾸기, 강조하는 말 넣기**
  시간 가는 줄 모르고
  물웅덩이에서 한참을 놀다 보니
  옷을 다 배렸다!

- **꾸며주는 말 넣어 구체적인 상황을 제시하기**
  어젯밤 내린 비로 생긴 물웅덩이
  친구랑 시간 가는 줄 모르고 놀다가
  옷을 다 배렸다.

- **비유법으로 강조하기**(- 같다 -처럼, -는 -다!)
  물웅덩이에서 시간 가는 줄 모르고 놀다가
  물에 빠진 것처럼
  비를 흠뻑 맞은 것처럼
  옷을 다 배렸다.

07 좋은 시는 고치면서 탄생한다!

아이들은 시를 다 쓰고 나면, 자기 시에 대단한 자부심을 느낍니다. 얼른 선생님께 보이고 싶고 자랑하고 싶어 하죠. 하지만 다 쓴 시는 스스로 고치는 시간이 꼭 필요합니다. 그래서 시를 쓸 때는 공책을 세로로 반을 접어서 한 면에 쓰고, 다른 한 면에는 그 시를 고쳐 쓰게 하는 것이 좋습니다. 아이들이 시를 다 고쳤다면 소리 내어 읽게 해 보세요. 그러면 손볼 곳이 또 나오죠. 저학년이면 자기 시로 노래를 불러 보게 하세요. 이렇게 아이들이 스

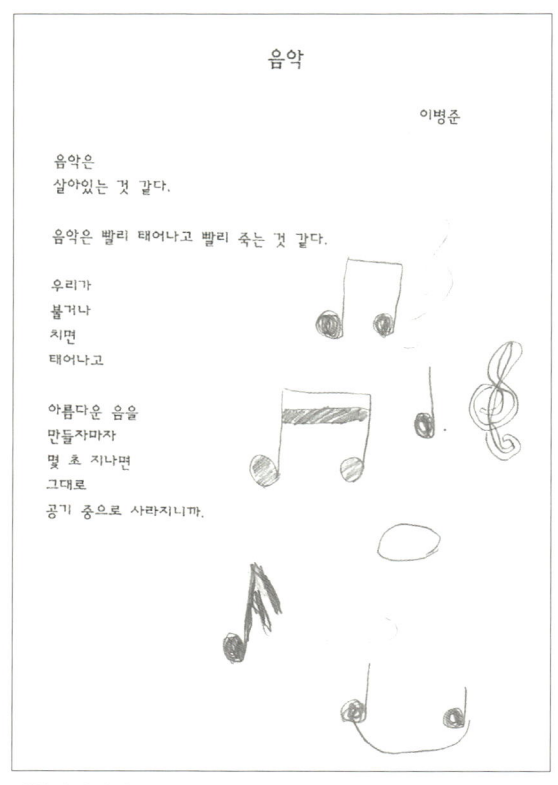

시화의 예시 자료

스로 다 고쳤다면, 선생님과 함께 고치는 시간을 한 번 더 가져야 합니다.

선생님과 함께 시를 고칠 때 유의할 점은 선생님이 주도하지 않아야 한다는 것입니다. 반드시 아이의 동의를 얻어야 하며, 아이가 보고 듣고 겪은 것에 관해 물어보면서 고쳐 나가야 합니다.

정확한 의미로 쓰지 않고 두루뭉술한 표현이 있다면 아이에게 그렇게 표현한 까닭을 물어서 그 속에 담긴 의도를 찾아보세요. 딱히 없어도 뜻이 통하는 설명적인

말을 뺄 때도 아이에게 그 말을 삭제하는 이유를 이해시키는 노력이 필요합니다. 설명하는 식으로 시를 쓰면 안 되지만, 그 말을 빼면 어떤 상황인지 추측하기 어렵거나 당시의 감동을 살릴 수 없을 때는 설명하는 글을 써도 괜찮습니다.

아이의 일상과 관련된 말이나 사투리는 표준어로 수정하지 말고 그대로 살리는 것이 좋아요. 아이다운 소박한 표현을 드러내는 시가 오히려 매력 있어요. 그런 시를 칭찬해 주세요. 즉, 시를 고치는 일은 선생님의 지도로 이루어지는 것이 아니라, 아이와 협의를 통해 이루어지는 일임을 잊지 마세요. 그렇게 할 때 아이는 선생님에게 자기 시가 존중받는 느낌을 받고, 자기 시에 대해 자신감을 가질 거예요.

시화의 예시 자료

다 쓴 시는 시화로 만들어 전시할 수도 있고, 낭독회를 열어 함께 나누는 시간을 마련하면 더 좋습니다.

하루 한 줄 독서 일기

01 매일 30분 책 읽기가 중요한 이유

'한 줄 독서 일기'란 매일 책을 읽고, 한 줄로 독서 일기를 쓰는 것을 말합니다. 독서 일기는 일기처럼 생활 글 형식으로 쓰라는 것이 아닙니다. 독서 일기는 매일 독서 감상을 기록한다는 점이 중요합니다. 매일 책을 읽고 난 다음에 최소 한 줄로 기록을 남기는 것 자체에 의미를 부여한 활동이 한 줄 독서 일기입니다. 저는 2016년부터 아이들과 '1인 1권 책 쓰기' 동아리를 운영하면서 그림책을 쓰기 위한 준비 활동 중 하나로 하루 한 줄 독서 일기를 실천하고 있습니다.

한 줄 독서 일기를 쓴 이유는 집에서 책을 매일 30분씩 읽는 것을 습관화하기 위해서였어요. 고학년이 되면 극도로 책과 멀어지는 아이들이 많아지고, 책을 잘 읽던 아이들도 독서에 대한 흥미가 떨어지기 쉽죠. 학부모님들도 '이제 컸으니까 알아서 하겠지.' 하는 마음으로 적극적으로 책 읽기를 시키지 않죠. 그나마 아이가 너무 놀기에만 치중할 때 "책 읽어!" 하고 잔소리를 할 뿐입니다.

더구나 스마트폰의 재미에 푹 빠진 아이들은 스스로 책 읽기를 할 수 없게 되었죠. 부모님들은 아이들 손에 스마트폰을 쥐어 준 당사자이면서도 아이들이 스마트폰 때문에 공부를 안 한다, 책을 안 읽는다고 한숨을 쉬는 아이러니한 상황이 되었습니다. 학교에서라도 아이들 책 읽기에 신경을 쓰지 않으면 아이는 정말로 책과 영영 멀어지게 되겠죠.

그래서 '숙제를 내주면 억지로라도 읽지 않을까?' 하는 생각에서 시작한 것이 한 줄 독서 일기였습니다. 책을 읽고 난 후 최소 한 줄로 기록한 이유는 읽은 책을 오래 기억하기 위해서였어요. 독서 후, 읽은 부분에 대해 조금씩이라도 기록하면 책을 읽으면서 든 생각과 느낌을 오래 붙잡을 수 있지 않을까 해서였죠.

처음에는 몰랐는데 매일 꾸준히 쓰다 보니 아이들의 문장이 길어지고 탄탄해졌습니다. 매일 쓴 한 줄 독서 일기는 시를 쉽게 쓸 수 있는 바탕이 되었고, 그 시들을 모아 《나무 그늘 아래 시인들의 노래》라는 한 권의 시집으로 엮었습니다.

2017년에는 1인 1권 그림책 쓰기를 목표로 동아리를 운영했는데, 한 줄 독서 일기를 꾸준히 쓴 결과, 아이들의 문장력이 좋아져서 그림책을 쓰는 데 큰 도움이 되었습니다. 그림책을 쓰고 나서 아이들과 함께 소리 내어 읽었는데, 아이들이 얼마나 좋아하던지, 지켜보는 내내 마음이 행복했습니다.

《나무 그늘 아래 시인들의 노래》, 부북초 4학년 14명 지음

02 한 줄 독서 일기는 이렇게!

한 줄 독서 일기를 시작할 때 제일 중요한 건 처음에는 한 줄만 쓰게 하는 것입니다. 아이들은 독후감 쓰기를 싫어하고 부담스러워하기 때문에 한 줄만 써도 된다고 하면 일단 안심하죠. 단, 생각이나 느낌을 술술 잘 쓰는 아이들에게는 꼭 한 줄만 쓰라고 하면 오히려 부담이 될 수 있어요. 그래서 한 줄 이상 쓰고 싶은 사람은 더 써도 된다고 말해 주세요.

일기장에 댓글을 달아 주는 것처럼 한 줄 독서 일기를 확인할 때는 선생님이 댓글을 달아 주세요. 잘 쓴 한 줄 독서 일기는 어떤 점을 잘 썼는지 구체적으로 칭찬하면서 아이들에게 들려주세요. 이 두 가지만 해도 아이들의 문장력이 몰라보게 좋아짐을 느낄 수 있습니다.

처음에는 최소 한 줄만 쓰도록 하다가 점점 줄 수를 늘려 보세요. 한 달 정도 지났을 때까지도 한 줄만 쓰는 아이들은 따로 개인 지도를 하는 것이 필요합니다. 개인 지도를 할 때는 맞춤법이나 띄어쓰기를 지도하기보다는 불완전한 문장을 완전하게 만들도록 지도합니다. 선생님이 아이와의 대화를 통해 문장을 만들게 하면, 나중에는 아이 혼자서도 잘할 수 있습니다.

예를 들어 아이가 "심청이가 불쌍했다."라고 썼다면 이렇게 대화해 보세요.

선생님 "심청이가 왜 불쌍하다고 생각했니?"
학생 "심청이가 아버지 눈을 뜨게 하려고 바다에 몸을 던져야 하니까요."
선생님 "그럼 그 내용을 써 보자."
학생 "심청이가 아버지 눈을 뜨게 하려고 바다에 몸을 던져야 해서 불쌍했다."

한 줄 독서 일기는 30분 동안 읽은 책 내용을 요약할 수도 있고, 책을 읽고 나서

드는 느낌이나 생각을 적을 수도 있습니다. 또, 책에서 가장 마음에 드는 문장을 적고 그 문장에 대한 느낌을 적어도 됩니다. 문장으로 나타내기 힘든 부분을 읽고 있다면, 그림으로 그려서 나타내도 됩니다. 주인공의 말이나 행동에 관한 판단을 적기도 하고 내가 주인공이라면 어땠을까 하는 감상도 적을 수 있어요. 아이들이 적고 싶은 대로, 그리고 싶은 대로 매일매일 꾸준히 하는 것이 중요합니다.

독서력이 낮은 아이들은 자기 학년보다 한 단계 수준이 낮은 책을 읽고 한 줄 독서 일기를 쓰면 수월합니다. 처음부터 줄글 책을 읽기보다는 그림책을 읽고 한 줄 독서 일기 쓰기를 반복하는 것이 좋아요. 그러면 어느새 저학년용 책을 한 권 뚝딱 읽고 생각과 느낌을 한 줄로 쉽게 나타내는 모습을 볼 수 있습니다. 그러다가 《샬롯의 거미줄》처럼 챕터가 잘 나뉘어 있는 책으로 한 줄 독서 일기를 쓰게 하면 좋습니다.

한 줄 독서 일기를 매일 꾸준히 쓰다 보면 아이들의 문장력이 좋아질 거예요. 생각이나 느낌을 다양하게 표현하게 되며, 처음에 한 줄이 나중에는 자연스럽게 두 줄이 되고 세 줄이 되는 것을 발견할 수 있죠. 그 효과는 국어 시간에 긴 글쓰기를 할 때 실감할 수 있는데요. 한 줄 독서 일기를 쓰면서 아이들이 글쓰기에 부담을 갖지 않게 되기 때문입니다.

《기적의 한 줄 쓰기》에는 당시 우리 반 아이들이 한 줄 독서 일기를 꾸준히 한 효과가 잘 나타나 있습니다. 이 책에 등장하는 부북초등학교 5학년 아이들은 한 줄 독서 일기를 쓰면서 이야기의 흐름과 그에 따르는 인과관계를 자연스럽게 터득할 수 있었고, 이야기의 구성에 맞게 자기 생각을 온전한 문장으로 써 내려갈 수 있게 되었습니다. 그리고 시간이 지나 그것을 바탕으로 그림책을 완성했지요.

《기적의 한 줄 쓰기》, 오정남 지음, 꿈결

밀양초 5학년 구○진의 한 줄 독서 일기

　매일 꾸준히 하루 한 줄 독서 일기를 쓰게 해 보세요. 쓰다 보면 내가 읽은 책의 목록이 쌓이고, 문장력이 늘어나고, 표현력도 좋아집니다. 그런 좋은 점이 모이고 모여 한 권의 그림책이 탄생하는 밑거름이 됩니다.

상상력이 흘러넘치는
그림 그리기

01 그림 자체가 스토리가 된다

다케우치 오사무는 《그림책은 재미있다》에서 "그림책의 그림은 삽화처럼 글에 덧붙여진 그림이 아니라 그림 자체가 이야기를 이끌어 가는 힘을 가져야 한다."라고 했습니다. 그림 자체가 힘을 가지려면 일단은 그림을 잘 그려야 하죠. 요즈음은 그림 작가가 그림을 그리고 글도 써서 그림책을 출간하는 일이 많아지고 있어요. 그래서 그림을 잘 그리지 못하면 그림책을 혼자 쓰기는 어렵습니다.

하지만 초등학생은 혼자서 한 권의 그림책을 뚝딱 쓸 수 있습니다. 초등학생이 그린 그림은 동심이 그대로 드러나기에 서툴러도 감동을 주기 때문이죠. 어른들은 전문적인 삽화 교육을 받지 않으면 쓰기 어려운 그림책을 아이들은 주저하지 않고 쓴다는 사실은 참으로 경이로운 일입니다. 특히 저학년일수록 자신이 상상한 것을 표현할 때 더 과감하고 용감합니다. 고학년 아이들은 그림을 그리는 데 자신감이 없고, 평가받는 것에 두려움이 있어서 주저하는데 말이죠.

구석기 시대 유적인 알타미라 동굴 벽화를 통해, 그림을 그리는 행위는 우리 인간의 본능적인 행위였음을 알 수 있습니다. 아이들은 종이만 주면 주저 없이 그림을 그리고 낙서하는 것을 볼 수 있죠. 본래부터 자연스럽고 즐거운 그리기 활동이 학년이 올라가면서 어려워지고 하기 싫어지는 이유는 그림을 그릴 때 구체적이든 추상적이든 어느 정도 기초적인 능력이 필요하기 때문입니다. 아이들이 글자를 배우고 익혀야 책을 읽을 수 있듯이 그리기도 기초적인 능력을 키워 주는 것이 필요하죠. 그리기 기초 학습은 꾸준히 반복하여 이루어져야 효과를 볼 수 있으므로 아침 활동 시간이나 창의적 재량 활동 시간을 이용하면 좋습니다. 앞으로 우리 아이들이 살아갈 미래는 시각 이미지의 활용이 더욱 중요한 시대입니다. 그래서 아이들에게 그리기 기초 학습은 문자 해독 교육만큼이나 중요합니다.

02 '상징기' 시기, 저학년 그리기 기초 능력을 어떻게 키울까?

피아제 인지 발달 단계에서 구체적 조작기(7-11세)에 해당하는 저학년은 그림 그리는 형식을 갖추는 시기라고 해서 '도식기'라고도 합니다. 도식기는 대상을 도식적·상징적·자기중심적으로 표현하는 시기죠. 상징적이라는 말은 사물을 보이는 그대로 표현하지 않고, 자기가 생각하는 대로 표현하는 것을 말합니다. 사물을 상징적으로 표현하는 것은 이 시기에 꼭 거쳐야만 하는 독특한 발달 단계입니다. 고학년으로 올라갈수록 아이들은 보이는 그대로 정확히 표현하고 싶어 하며, 객관적이고 사실적으로 표현합니다.

우리는 저학년 시기 아이들이 상징적인 표현에만 머물지 않도록 조금 더 구체적이고 다양한 형태로 사물을 그릴 수 있도록 지도해야 합니다. 이 시기에 충분히 상징적인 표현을 해서 아이들이 그리기에 자신감을 느끼게 된 후에는 그리기 기초를 학습함으로써 사실기로 넘어갈 수 있습니다. 그러면 아이들의 표현력에 창의성과 적극성을 더 고무시킬 수 있죠.

저학년 상징기 때 아이들이 그리는 그림의 특징을 몇 가지로 나눠 보면 첫째는 상징이 반복된다는 것입니다. 둘째는 상징이 과장·생략·변화한다는 점입니다. 셋째는 공간을 구분하는 선인 기저선을 사용한다는 것입니다. 그리고 화면에서 그림을 전개도식으로 표현하며 투시적으로 표현합니다. 또, 가장 중요한 사람을 화면 가운데에 그리는 원근법을 사용하며, 대상을 의인화하는 경우가 많습니다.

상징을 다양하게 표현하기 위해서는 먼저 관찰과 체험을 위주로 한 학습이 필요합니다. 우리 주변의 모습이나 움직임, 특징을 자세히 들여다보고 찾아내는 시간이 필요하죠. 예를 들어 표정이 모두 똑같다면 기쁠 때, 슬플 때, 화났을 때, 피곤할 때 등의 표정을 지어 보고 거울을 본 후 그림을 그리게 하는 것입니다. 움직임을 표현할 때도 친구의 움직임을 관찰하기도 하고, 자신이 직접 동작을 해 본 후에 표현하면 더욱 풍부한 표현을 할 수 있어요.

03 보는 눈을 키워 주는 '자세히 그리기'

자세히 그리기는 다른 말로 '세밀화' 그리기입니다. 아이들에게 세밀화라는 단어는 생경하고 딱딱해서 '자세히 그리기'라고 표현하는 것이 좋아요. 자세히 그리기는 말 그대로 사물을 보고 관찰하면서 자세히 그리는 것을 말합니다. 자세히 그리려면 자세히 보아야 해요. 자세히 본다는 건 오래 제대로 보는 것입니다. 아이들은 보고 그리라고 하면 그릴 대상을 대충 훑은 후 자기 생각대로 그려 나갑니다. 이것을 '관념'대로 그린다고 하는데, 있는 그대로 보고 그리지를 못하고 머릿속에 기억

된 대로 대상을 그리는 것을 말합니다. 이렇게 관념으로 그린 그림은 개성과 감동이 없어 이호철 선생님은 '죽은 그림'이라고 명명했죠.

이호철 선생님은 《살아 있는 그림 그리기》에서 "자세히 그리기는 사물이나 세상의 일을 있는 그대로 바라볼 수 있는 눈을 갖게 하고, 관념에서 벗어나 새로운 것을 찾을 수 있도록 하기 위한 것"이라고 했어요. 자세히 그리기는 아이들이 세상을 보는 눈을 키우며 삶을 풍성하게 하고, 더욱 창조적인 삶을 살아가도록 하는 좋은 도구가 될 수 있습니다.

'자세히 그리기'는 어떻게 하는 것이 좋을까요? 《살아 있는 그림 그리기》에 제시된 방법을 소개하면 다음과 같습니다.

- 잘 보고 그리기
- 천천히 정성껏 그리기
- 균형과 비례에 맞게 그리기
- 화면에 꽉 차도록 크게 그리기
- 곡선으로 그리기

자세히 그리기는 주제를 잡아 놓고 아침 활동 시간을 활용하여 꾸준히 지도하는 것이 좋아요. 매일 하면 아이들이 지겨울 수 있으므로 일주일에 두 번 정도 하는 것을 추천합니다.

월별 '자세히 그리기' 운영 계획을 세워 보세요!
- 3월: 그리기의 기초인 선을 그려 보는 활동을 합니다. 선이 자연스럽게 그려지고 자신감이 생길 수 있도록 선 긋기 연습을 반복해 보는 활동입니다.

다양한 선 그리기

- 다양한 직선과 곡선 긋기, 원 그리기
- 도형에 다양한 무늬 채워 넣기
- 물의 흐름, 바람의 움직임, 연기 모양, 물건이 떨어질 때의 모양 등을 선으로 나타내기
- 여러 가지 동물들의 뛰는 모습을 선으로만 나타내기
- 음악 듣고 느낌을 선으로 나타내기

- 4-5월: 아이들 주변에 있는 여러 가지 물건이나 식물들을 관찰하고 그려 봅니다. 따뜻하고 미세먼지가 없는 날을 택하여 학교의 화단에 있는 식물이나 나무들을 관찰합니다. 관찰하고 그림을 그린 후에는 날짜와 느낌을 간략하게 남기는 것이 좋습니다. 저학년은 교실에 있는 시계, 텔레비전, 쓰레기통, 지우개, 연필 등 둥글고 네모나며 뾰족한 모양에 관해 이야기를 많이 나누게 해 주세요. 나무나 꽃에 대해서도 많은 것을 체험하게 한 후 그리게 합니다. 그림이 사실적이지 않아도 자기 느낌을 최대한 자유롭게 표현하게 해 주세요.

우리 주변 사물 그리기

- 연필, 가위, 풀, 책가방, 실내화, 우유, 우유 상자, 연필깎이 등 주변 사물 그리기
- 추억이 있거나 소중하게 여기는 물건을 그리기
- 식물을 보고 자세히 그리기

- 6-7월: 그림의 주제를 '내가 좋아하는 것'으로 잡아 보세요. 아이들은 동물을 많이 좋아하죠. 다양한 동물 카드를 보여 주고 따라 그리게 합니다. 저학년은 동물뿐만 아니라 공룡이나 자동차 등 좋아하는 것을 그리게 합니다. 캐릭터 그리기는 고학년 아이들도 좋아하죠. 단순한 캐릭터로 빨리 끝내려고 하는 아이들에게는 캐릭터의 움직임이 나타나게 그려 보라고 주문해 보세요. 동물은 움직이기 때문에 사진을 보고 그리는 것이 좋습니다. 다 그린 후에는 날짜를 쓰고, 느낌과 생각을 적거나 시를 쓰면 멋진 시화가 탄생합니다.

내가 좋아하는 것 그리기

- 여러 가지 동물, 공룡, 자동차, 기차 그리기
- 만화나 게임 캐릭터 보고 그리기

- 9-10월: 인물 그리기를 해 보세요. 인물 그리기를 할 때는 동작을 세분화하여 표현하게 합니다. 그리는 방법을 구체적으로 제시해 줘야 하며, 움직임을 보고 관찰한 후 그리도록 하는 것이 좋습니다. 다 그린 후에는 항상 개별적으로 부족한 부분을 설명해 주어서 아이들 스스로 고치도록 하면 아이들의 그림 실력이 몰라보게 좋아집니다. 마지막에는 반드시 아이가 잘 그린 부분을 구체적으로 칭찬하여 자신감을 키워 주면 좋습니다.

인물 그리기

- 다양한 표정 그리기
- 얼굴 모양, 머리 모양 바꿔 그리기
- 팔다리의 움직임 나타내기
- 앞, 옆모습 그리기
- 상황에 맞는 동작 표현하기

04 이야기와 그림을 쉽게 연결 짓는 비주얼씽킹 활용하기

비주얼씽킹Visual Thinking은 비주얼Visual과 씽킹Thinking의 합성어로, 자기 생각을 글과 이미지로 체계화하고, 기억력과 이해력을 키우는 시각적 사고 방법입니다. 글자 그대로 번역하면 '시각적 사고력'이라고 할 수 있으며, 생각을 이미지로 나타내는 것을 의미합니다. 비주얼씽킹이라는 개념은 기업에서 처음 도입했는데요, 정보를 효율적이고 쉽게 전달하기 위해서였죠.

비주얼씽킹의 장점인 효율성, 생산성을 교육 현장에 그대로 적용하는 건 무리가 있습니다. 하지만 비주얼씽킹의 직관성과 이미지에 많은 정보를 압축해서 담아낼 수 있기 때문에 교육 현장에서 효과적으로 활용하고 있어요.

요즘 아이들은 다양한 SNS를 통해 영상 이미지를 많이 접하고, 스스로 영상 이미지를 제작하기도 합니다. 태어날 때부터 디지털 환경을 접한 이 세대를 디지털 네이티브Digital Native라고도 하죠. 글을 쓰고 읽는 전통적인 수업 방식으로는 이런 아이들의 흥미를 유발하는 데 역부족일 수 있습니다. 디지털 네이티브인 아이들은 긴 시간 동안 사고하는 것보다 짧은 시간에 직관적으로 몰입할 수 있는 영상이나 이미지에 엄청난 집중력을 발휘하기 때문입니다.

비주얼씽킹을 수업에 적극적으로 활용해서 아이들로부터 집중력과 창의성을 끌어내기도 한 김차명 선생님은《참쌤의 비주얼씽킹 끝판왕》에서 "비주얼씽킹은 특별한 전문적인 기술을 필요로 하는 것이 아니다. 텍스트 중심으로 소통하던 기존의 방식을 탈피하여 이미지를 적극적으로 활용하고자 하는 습관만 있으면 충분하다."라고 말했습니다. 초등학생들이 그림책을 쓰기 전에 비주얼씽킹을 활용하여 다양한 활동을 한다면 그림책을 더 쉽게 쓸 수 있습니다.

그림책과 비주얼씽킹의 사이의 연결 고리

비주얼씽킹을 그림책 쓰기에 적용하기 위해서는 둘 사이의 연결 고리를 찾아야 합니다. 이미지 시대에 걸맞은 효율적인 정보 전달 방법으로 꼽히는 비주얼씽킹과 그림책의 연결 고리는 '그림'입니다. 둘 다 생각의 체계화, 구체화 면에서 그림의 역할이 큰 비중을 차지하고 있죠.

그림책에서 그림은 작가의 생각과 상상력을 체계화, 구체화할 뿐만 아니라 글의 내용을 더 풍부하게 해 주고, 독자에게 이야기에 대한 상상력을 끊임없이 자극하며, 이야기의 내용을 더 쉽게 전달합니다. 비주얼씽킹은 내용을 정리하기 좋으며, 정보를 쉽게 전달해 주고, 이미지를 통해 공감대를 형성할 수 있다는 장점이 있습니다. 비주얼씽킹의 세 가지 장점을 잘 녹여 내어 그림 그리기를 해 보세요. 그리기에 대한 아이들의 자신감이 향상될 뿐만 아니라 스스로 창의적인 그림을 만들어 낼 수 있습니다.

《참쌤의 비주얼씽킹 끝판왕》에서는 비주얼씽킹 학습을 '따라 그리기 - 기억해서 그리기 - 직접 그리기' 순으로 단계를 제시하고 있습니다. 이 3단계를 변형하여 그림책의 그림 그리기 지도에 활용했는데요. 비주얼씽킹을 활용한 그림책의 그림 그리기 지도 4단계는 '그림책 보며 베껴 그리기 - 다양한 그림책의 그림 보며 따라 그리기 - 그림책을 읽어 준 후 기억해서 그리기 - 그림책의 텍스트만을 읽고 그림으로 표현해 보기'입니다. 각 단계별 활동을 구체적으로 살펴보면 다음과 같습니다.

- **1단계: 그림책 보며 베껴 그리기(그림책 모사하기)**

그림을 보면서 베껴 그리라고 하면 아이들은 부담스러워합니다. 따라서 처음에는 그림 위에 화선지를 올려놓고 비치는 대로 그림을 따라 그려 본 후에 베껴 그리라고 합니다. 그림을 보며 베껴 그리는 활동을 바로 하면 아이들은 그림책의 그림을 똑같이 그려야 한다는 압박감을 느끼며 그림 그리기를 어려워할 수 있습니다. 이럴 때 화선지나 비치는 종이를 활용한 그림 그리기는 큰 도움이 됩니다.

다음은 아이들이 《슈퍼 거북》, 《잠자는 할머니》, 《말레즈, 제발》 등의 그림책을 보며 베껴 그린 작품입니다.

- **2단계: 다양한 그림책의 그림 보며 따라 그리기(그림책 필사하기)**

아이들에게 다양한 화풍의 그림책을 소개하고, 각자가 마음에 들어 하는 그림책의 그림을 따라 그리게 해 보세요. 아이들은 이 과정을 통해 그림책의 그림에 익숙해져서 창작하는 부담감이 줄어듭니다.

- **3단계: 그림책을 읽어 준 후 기억해서 그리기**

그림책을 아이들에게 보여 주면서 읽어 준 직후에, 아이들이 보고 들은 기억을 떠올려 그림을 그려 보는 활동입니다. 같은 책 내용이라도 아이들마다 다르게 그리는 것을 보면서 자신만의 생각과 감성, 표현이 있음을 알게 되죠. 그렇다 보니 누가 더 잘 그리고 못 그리고는 중요하지 않으며, 오히려 자신이 생각한 대로 얼마나 잘 표현했는지 스스로 돌아볼 수 있는 기회가 됩니다. 자신이 보고 들은 것을 직접 그림으로 표현하는 데 의의를 두고, 아이들이 표현해 낸 것을 칭찬해 자신감을 키워 주는 것이 중요합니다.

다음 작품은 선생님이 읽어 주는 《원님과 항아리》, 《짧은 귀 토끼》 등을 아이들이 듣고 기억에 남는 장면을 표현한 그림입니다.

- **4단계: 그림책의 텍스트만을 읽고 그림으로 표현해 보기**

선생님은 아이들에게 그림책의 텍스트만 제공하고 그 텍스트에 걸맞은 그림을

그리도록 지도합니다. 이 단계에서 아이들은 자신만의 그림체로 이야기를 재구성하며 텍스트에 대한 자신의 상상력을 무한히 펼칠 수 있습니다.

다음 작품은 《거미와 파리》의 텍스트만 보고 아이들이 각자 다르게 표현한 그림들입니다.

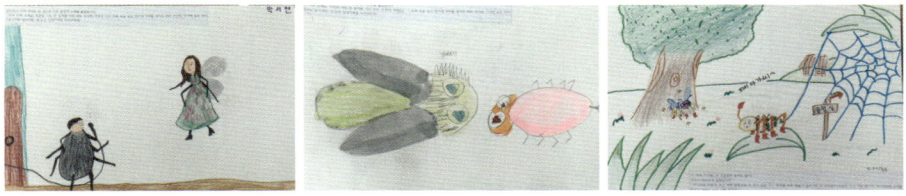

거미가 파리를 꾀는 노래를 부르는 장면(텍스트)을 읽고 학생들이 그린 그림

거미가 파리를 가둔 장면(텍스트)을 읽고 학생들이 그린 그림

비주얼씽킹을 활용하여 그림책의 그림 그리기를 지도할 때 선생님은 아이들의 그림이 획일화되지 않도록 유의해야 합니다. 아이들 각자의 개성을 그림체에 담아낼 수 있도록 도와야 합니다. 모방하는 것을 넘어 자신만의 그림체를 개발하는 데

까지 나아가도록 아이들의 다양성을 존중해 주세요.

  비주얼씽킹을 그림책의 그림 그리기 활동에 적용할 때는 이야기의 내용, 즉 정보 전달보다 이야기 속 상상의 세계를 표현하는 데 초점을 두고 지도해야 합니다. 그림책 속 그림은 단순히 이야기의 정보 전달을 넘어 상상력과 흥미를 자극할 수 있어야 하기 때문입니다.

아이들과 그림책을
어떻게 만나게 하는 것이 좋을까요?

01 처음부터 끝까지 차근차근 만나요!

아이들과 그림책의 첫 만남에서는 책의 처음부터 끝까지 차근차근 살펴보는 것이 좋아요.

먼저 앞표지부터 살펴볼까요? 만져 보면 촉감은 어떠한지, 매끈매끈한지, 종이의 질감이 그대로 느껴지는지, 입체감을 느낄 수 있는지 등을 이야기하면 좋습니다. 그런 다음에는 무엇이 보이는지 물어보세요. 그럼 아이들은 앞표지의 그림, 책 제목, 작가 등에 대해 이야기할 거예요. 뒤표지도 살펴보세요. 뒤표지에 무엇이 보이는지 물어보세요. 앞표지와 뒤표지가 모두 보이게 그림책을 쫙 펼쳐 봐도 좋아요.

《리디아의 정원》처럼 앞표지와 뒤표지의 그림이 연결된 그림책도 있어요. 그런데 표지에 담긴 그림은 그냥 그려진 것이 아니에요. 앞표지는 제목과 함께 독자들에게 그림책의 내용을 짐작할 수 있게 합니다. 뒤표지는 독자들의 마음속에 감동을

《리디아의 정원》, 사라 스튜어트 글 · 데이비드 스몰 그림, 시공주니어

《길 아저씨 손 아저씨》, 권정생 글 · 김용철 그림, 국민서관

남기기도 합니다.

표지를 넘겨 보면 면지가 나오는데, 면지는 표지와 본문을 연결해 주는 역할을 해요. 보통은 한 가지 색으로 이루어진 빈 종이이지만, 글이나 그림이 담긴 경우도 있습니다. 《길 아저씨 손 아저씨》의 앞 면지에는 닫혀 있는 문이, 뒤 면지에는 열린 문이 그려져 있답니다. 앞뒤 면지의 그림이 의미하는 것이 무엇인지 짐작해 보는 것도 재미있겠죠.

면지를 한 장 넘기면 속표지가 나옵니다. 보통 속표지의 맞은편(왼쪽 면)에는 그림책에 대한 정보(지은이, 출간일, 만든 사람들, 저작권에 관한 내용)가 있습니다. 지은이 소개가 그림책의 내용과 관련이 있다면 읽어 주는 것이 아이들의 흥미를 끌기에 좋아요. 이제 속표지를 살펴봅시다. 속표지에는 글씨만 있기도 하고, 글씨와 함께 그림이 그려져 있기도 해요. 그림이 있다면, 잠깐 멈춰서 그림에 집중해 보는 것도 좋아요. 아이들에게 "이 그림이 무엇일까?"라고 질문을 던지면 그림책에 대한 흥미가 더 커지겠죠. 그런 다음에 속표지를 넘기면 비로소 우리는 그림책의 이야기(본문)를 만날 수 있어요.

그림책의 이야기가 끝나고 나면 다시 면지가 나와요. 이 뒤 면지에도 그림이 있을 수 있어요. 그러면 앞 면지까지 다시 한 번 살펴보는 것도 재미있답니다. 작가가 남긴 수수께끼가 있을 수도 있으니까요.

이제 그림책을 뒤집어서 뒤표지를 보세요. 뒤표지는 그림책의 의미를 다시 한 번 생각하게 합니다. 그림책에 따라서는 앞표지 — 면지 — 속표지 — 그림책 이야기(본문) - 뒤표지까지 이야기가 쭉 이어질 수도 있어요. 《감자에 싹이 나서》를 보면 앞표지부터 시작한 이야기가 본 이야기에서 감자의 싹이 나고 끝인 줄 알았는데, 뒤표지를 보면 활짝 핀 감자꽃과 나비 그림이 있어요. 그림책 본문에서는 이야기하지 않지만, 감자에 싹이 나서 꽃이 필 때까지의 이야기를 상상해 볼 수도 있겠죠.

이렇게 앞표지, 앞 면지, 속표지, 본문 속 그림, 뒤 면지, 뒤표지까지 차근차근 살펴보고 나서 그림책을 읽으면 더 재미있습니다.

《감자에 싹이 나서》, 김성종 글·그림, 낮은산

02 면지는 정말 중요해요

그림책에서 면지(겉표지와 속표지 사이에 있는 종이)는 책의 일부로 사용되기도 해요. 면지의 색상과 그림이 책의 내용을 알려 주는 역할을 하는 거죠. 읽어 줄 때 면지는 그냥 건너뛰고 읽는 경우도 많은데, 찬찬히 살펴보면 책의 내용과 관련된 힌트가 숨어 있을 때가 있어요. 단색으로 된 면지라고 그냥 지나치지 말고 아이들과 함께 면지가 무슨 색인지, 어떤 느낌인지, 그림이 있다면 왜 이런 그림이 있는지 이야기를 나누어 보세요. 앞 면지를 만날 때는 마음속에 책에 대한 궁금증과 호기심이 생겨나고, 뒤 면지를 만날 때는 책의 감동이 떠오르면서 나누고 싶은 이야기가 많아질 거예요.

존 버닝햄의 《지각대장 존》을 살펴볼까요. 이 책의 면지는 존이 쓴 반성문으로 가득 차 있어요. 존이 반성문을 쓴 이유는 동물들이 학교를 못 가게 해서 지각했다고 선생님에게 거짓말을 했기 때문입니다. '존이 반성문을 쓴다고 고생했겠구나.' 하는 단순한 감상에 머물기보다는 면지에 또 다른 의미는 없는지 찾아보세요. 자세히

《지각대장 존》, 존 버닝햄 글·그림, 비룡소

보면 왼쪽 면지에는 'lies(거짓말)'이라는 글자가 쓰여 있어요. 그런데 오른쪽 면지에는 'lise'라고 오자가 쓰여 있어요. 존이 일부러 오자를 쓴 것으로 추측됩니다.

'존은 거짓말을 했을까, 안 했을까?' 생각하며 탐정 같은 마음으로 《지각대장 존》을 찬찬히 살펴보세요. 뭔가 수상쩍은 부분을 책에서 찾을 수 있습니다. 속표지에서 존은 본문의 학교 가는 길과는 반대 방향인 왼쪽으로 걸어가고 있어요(본문과 다르게 이때의 배경은 무척 밝은 색상이에요). 본문에서는 존이 오른쪽으로 걸어서 학교에 가고 있거든요. 존이 학교 가는 길에 만났다고 하는 동물들도 선생님의 모습과 비슷해 보입니다. 내용만 보면 존이 거짓말을 한 것이 아니고 존을 믿어 주지 않는 선생님이 나중에 곤경에 처하면서 이야기가 통쾌하게 끝나는데, 표지와 본문의 그림들을 보면 숨겨진 진실이 있는 듯해요. 존이 정말 거짓말을 한 건 아닌가 하는 의구심을 가지고 그림책을 읽으면 더 재미있겠죠.

또 다른 책 《눈물바다》와 《할까 말까?》의 면지도 살펴보면 앞뒤 면지 속 주인공의 표정이 달라져 있어요. 왜 주인공의 표정이 달라졌을까? 궁금증을 가지고 수수께끼를 풀어 가듯 그림책에 담긴 작가의 의도를 찾아가며 그림책을 읽는 것도 재미있겠죠?

03 숨은 그림을 찾아보아요!

작가는 본인의 책을 독자가 여러 번 읽게 하려고 책 속에 숨은 그림을 넣어 놓기도 해요. 무엇이 숨어 있을까 생각하면서 열심히 찾아보면, 작가가 진짜로 전하고 싶은 메시지를 발견할 수 있답니다.

앤서니 브라운의 《돼지책》을 살펴볼까요. 아이들에게 "이 책에는 돼지 그림이 몇 번 나올까?" 하면서 궁금증을 불러일으키면 아이들이 관심을 가지고 책을 여러 번 읽습니다.

《돼지책》에는 돼지 그림들, 돼지 그림자, 돼지 모양의 낙서, 돼지 단추, 돼지 벽지, 돼지 타일 등 400마리 이상의 돼지가 등장해요. 면지의 색상은 돼지의 피부색과 같고, 속표지의 날개 달린 돼지는 작

《돼지책》, 앤서니 브라운 글·그림, 웅진주니어

가와 편집자를 표현한 것이라고 해요. 주인공 피곳 씨의 성 피곳 Piggott은 어린 아이의 말로 '돼지'를 뜻하는 피기 piggy와 비슷한 발음이죠.

이 책의 본문 첫 번째 장면에서 가족을 소개할 때 피곳 씨는 두 아들과 멋진 집에 살고 있다고 표현해요. 그런데 아내에 대해서는 별 다른 소개 없이 그 집에 있다고만 해요. 본문 두 번째 장면에서 아빠가 신문을 보고 있는 이유는 무엇일까요? 책 가운데 접히는 부분에 중요한 그림을 그리면 인쇄나 접지할 때 문제가 생길 수도 있으니 아빠 얼굴을 망가뜨리기 싫어서 신문으로 가렸다고 해요. 마지막에 피곳 부인이 집에 돌아와서 수리하는 차의 번호판을 거꾸로 읽으면 PIGS 123입니다. 즉, 피곳 부인이 돼지들을 고치면서 마무리되죠.

04 그림책을 읽어 주는 다양한 방법을 살펴보아요!

아이들의 집중력은 그 지속 시간이 생각보다 짧아요. 그래서 그림책을 읽어 줄 때는 다양한 방법을 동원해서 읽어 주면 아이들이 더 집중해서 들을 수 있어요.

다음과 같이 다양한 방법을 시도해 보세요.

— 짧은 시간에 대화하듯 읽어 주기
— 아이에게 책장을 넘기게 하기
— 한 아이를 안고서 그림책을 읽어 주기
— 주인공 이름을 아이 이름으로 바꿔서 읽어 주기
— 과장된 목소리로 의성어, 의태어를 섞어 읽으며 큰 몸짓을 사용하기
— 그림책에 관련된 CD, 동영상 등을 이용하기

2장

그림책 쓰기를 위한 마중물 그림책

초등학교 아이들이 그림책을 쓰기 위해서는 상상력을 자극하고, 생각을 틔워 줄 '마중물 그림책'이 필요합니다. 마중물 그림책을 선생님이 아이들에게 읽어 주고 함께 이야기를 나누다 보면 얼마 지나지 않아 아이들은 그림책을 무척 쓰고 싶어 할 것입니다. 그래서 선생님이 아이들에게 마중물 그림책을 읽어 주고 함께 이야기를 나누는 활동은 아이들의 동기 유발을 위해 꼭 필요한 활동입니다.

분류 기준	책
이야기를 쉽게 떠올리게 하는 길잡이 그림책	• 글 · 그림 앤서니 브라운의 《앤서니 브라운의 마술 연필》, 《마술 연필을 가진 꼬마 곰의 모험》, 《마술 연필을 가진 꼬마 곰》, 《꿈꾸는 윌리》, 《미술관에 간 윌리》, 《겁쟁이 윌리》 • 글 마키타 신지, 그림 하세가와 토모코의 《틀려도 괜찮아》, 글 · 그림 최숙희의 《괜찮아》
반복적인 문장으로 글쓰기의 부담감을 낮춰 주는 그림책	• 글 마이클 로젠, 그림 헬린 옥슨버리의 《곰 사냥을 떠나자》 • 글 나카에 요시오, 그림 우에노 노리코의 《그건 내 조끼야》 • 글 베르너 홀츠바르트, 그림 볼프 예를브루흐의 《누가 내 머리에 똥 쌌어?》
의인화를 통해 아이들의 상상력을 더하는 그림책	• 글 메리 호위트, 그림 토니 디털리치의 《거미와 파리》 • 글 쑨칭펑, 그림 팡야원의 《여우가 오리를 낳았어요》 • 글 · 그림 레오 리오니의 《파랑이와 노랑이》
감정을 알아가게 해 주는 그림책	• 글 · 그림 최숙희의 《마음아 안녕》 • 글 마크 네미로프 · 제인 아눈지아타, 그림 크리스틴 바투즈의 《어린이 감정 요리법》 • 글 · 그림 레베카 패터슨의 《화가 나서 그랬어!》
그림만으로 스토리를 이끌어 나가는 그림책	• 글 · 그림 앤서니 브라운의 《고릴라》 • 글 · 그림 백희나의 《구름빵》 • 글 · 그림 옐라 마리의 《빨간 풍선의 모험》
아이들이 쉽게 공감할 수 있는 삶을 담은 그림책	• 글 · 그림 앤서니 브라운의 《숨바꼭질》, 《행복한 미술관》 • 글 · 그림 마르타 알테스의 《안 돼!》
발상의 전환을 불러일으키는 그림책	• 글 로버트 문치, 그림 마이클 마첸코의 《종이 봉지 공주》 • 글 타원시, 그림 탕탕의 《짧은 귀 토끼》

이야기를 쉽게 떠올리게 하는 그림책
"표지만 봐도 내용이 상상돼요"

01 이야기의 구조를 알려 주는 '꼬마 곰' 시리즈

《앤서니 브라운의 마술 연필》은 앤서니 브라운이 그린 그림과 영국에서 열린 그림책 대회에 참가한 어린이들의 그림이 더해져 만들어진 그림책입니다. 《앤서니 브라운의 마술 연필》은 《마술 연필을 가진 꼬마 곰》, 《마술 연필을 가진 꼬마 곰의 모험》 등 '꼬마 곰' 시리즈의 하나로, 꼬마 곰이 길을 가다가 여러 등장인물을 만나면서 벌어지는 위기를 재치 있게 해결하는 과정을 담고 있어 이야기의 기본적인 구조를 아이들 스스로 깨달을 수 있게 합니다.

《앤서니 브라운의 마술 연필》에 실린 영국 어린이의 그림을 우리 반 아이들이 본다면 '내가 그린 그림도 그림책에 실리면 좋겠다.'라거나 '내 그림도 그림책에 실릴 수 있겠네.'라고 생각할지도 몰라요.

《앤서니 브라운의 마술 연필》, 앤서니 브라운과 꼬마 작가들 글·그림, 웅진주니어

《마술 연필을 가진 꼬마 곰》, 앤서니 브라운 글·그림, 현북스

《마술 연필을 가진 꼬마 곰의 모험》, 앤서니 브라운 글·그림, 현북스

선생님이 할 일은 아이들에게 이야기의 씨앗을 나눠 주는 일입니다.

— "여기 나와 있는 곰 대신에 다른 동물이나 사람으로 주인공을 바꿔 봐요."
— "곰이 가지고 있는 연필은 마술 연필이네. 연필 대신 마법을 부리는 다른 물건으로 바꿔 봐요."

이런 단순한 발상으로도 아이들은 아주 쉽게 이야기를 만들어 냅니다.

다음은 앤서니 브라운의 꼬마 곰 시리즈를 함께 읽고 초등학교 5학년 박보성이 쓴 그림책 《마법의 망원경을 가진 늑대》의 일부입니다. 주인공 꼬마 곰을 늑대로 바꾸고, 마술 연필은 망원경으로 바꾸었습니다. 그리고 주인공이 만나는 등장인물은 별자리 동물들로 바꾸었죠. 꼬마 곰 시리즈와는 완전히 다른 이야기를 만들어 냈어요.

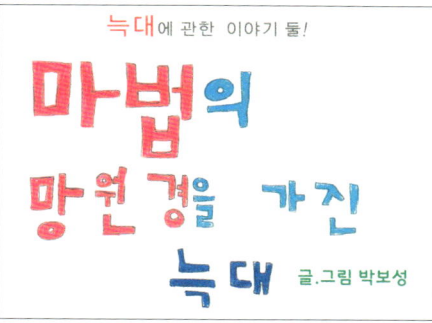

02 상상력을 키워 주는 '윌리' 시리즈

앤서니 브라운의 '윌리' 시리즈는 윌리를 주인공으로 하여 여러 주제로 이야기가 펼쳐집니다. 같은 주인공에 의해 이야기가 진행된다는 점에서 시리즈물은 아이들에게 친숙함을 줍니다. 그림책 시리즈물을 통해 주인공과 친밀함을 쌓은 아이들은 주인공 윌리와 자신을 동일시함으로써, 새로운 모험을 상상하고 이야기를 창조할 수 있습니다.

《겁쟁이 윌리》, 앤서니 브라운 글·그림, 웅진주니어

《꿈꾸는 윌리》, 앤서니 브라운 글·그림, 웅진주니어

《미술관에 간 윌리》, 앤서니 브라운 글·그림, 웅진주니어

《꿈꾸는 윌리》는 제목에서도 알 수 있듯이 책장을 넘길 때마다 윌리의 다양한 꿈이 이어집니다. 윌리가 꾸는 꿈을 통해 아이들은 자신의 미래를 마음껏 상상하는 힘을 얻을 수 있습니다.

윌리 시리즈는 아이들에게 이야기의 소재를 찾는 디딤돌 역할을 합니다. 또, 윌리라는 매개체를 통해 자기 이야기를 펼칠 수 있게 합니다. 아이들이 윌리를 통해 자기 이야기를 마음껏 이끌어 낼 수 있도록 선생님이 옆에서 도와주세요.

- "책 속에서 윌리는 어떤 일을 겪었니?"
- "너희도 윌리와 비슷한 경험이 있니? 있다면 어떤 일이 있었니?"
- "윌리 시리즈 중에서 하나를 선택해 주인공을 '나'로 바꿔서 자기 경험을 살린 이야기를 써 보자."
- "내 경험을 살린 이야기의 주인공을 동물로 바꾼다면 어떤 동물이 어울릴까?"

동일한 주인공이 나오는 재미있는 시리즈 그림책으로 '마녀 위니' 시리즈도 추천합니다.

《마녀 위니의 겨울》, 밸러리 토머스 글, 코키 폴 그림, 비룡소

《마녀 위니 학교에 가다》, 밸러리 토머스 글, 코키 폴 그림, 비룡소

《마녀 위니의 야생 동물 탐험》, 밸러리 토머스 글, 코키 폴 그림, 비룡소

03 아이들을 위로하는 그림책, 《틀려도 괜찮아》, 최숙희의 《괜찮아》

조금만 신경 써서 찾아보면 발상을 돕는 책들은 금방 발견할 수 있을 거예요. 아이들의 시선으로 책을 보면 아이들도 쉽게 글을 쓸 수 있는 주제가 눈에 들어올 것입니다. 사실 그림책 한 권, 한 권은 아이들과 풍부한 대화를 가능하게 합니다. 이런 대화가 곧 그림책의 이야깃거리가 될 수도 있어요. 책에 대한 대화를 통해 주고받는 질문과 답은 아이들의 상상력을 자극하고, 사물을 새로운 관점에서 볼 기회를 제공하죠. 그런 생각들을 모아서 그림책을 쓰면 됩니다.

《틀려도 괜찮아》, 마키타 신지 글, 하세가와 토모코 그림, 토토북
교실에서 틀릴까 봐 발표를 두려워하는 아이들, 자신감 없는 아이들을 위해 쓴 책이다. 정답을 말하지 못하고 틀려도 괜찮으니 용기를 내어 도전해 보라고 말한다.

《괜찮아》, 최숙희 글·그림, 웅진주니어
개미는 작아도 힘이 세서 괜찮고, 뱀은 다리는 없지만 어디든지 기어갈 수 있으니 괜찮고, 고슴도치는 가시가 많아서 사자를 무서워하지 않으니까 괜찮다. 우리는 뭔가가 부족하다고 생각하지만 그래도 다 괜찮다고 위로하는 책이다.

이런저런 좌절을 겪으면서 실패를 두려워하고 열등감을 느끼는 아이들도 많습니다. 실패와 좌절 같은 부정적인 경험도 우리 삶의 일부이고 성장의 밑거름인데 말이죠. 하지만 실패에 대해 충분히 격려를 받지 못하고 평가만 받은 아이는 실패에 대한 두려움과 함께 자존감을 잃기도 하죠. 사물과 자신을 바라볼 때 건강한 양면성을 가져야 하는데, 장점보다는 단점에 치중해 판단하면 매사에 부정적일 수밖에 없습니다. 이런 아이들에게는 위로가 필요하며 인지적 오류를 바꿀 수 있는 따뜻한 그림책이 묘약이 될 수 있어요. 어떤 설명보다도 내 마음이 잘 반영된 그림책 한 권이 '괜찮다'고 할 때 실제로 괜찮아질 수 있는 것이 바로 그림책의 마법이죠. 두 그림책을 읽고 나서 아이들과 아래와 같은 대화를 해 보세요.

- "이 그림책은 '틀려도 괜찮다'고 하는데, 친구들에게 어떤 점이 괜찮다고 위로해 주고 싶니?"
- "나라면 어떤 상황에서 '괜찮다'는 말을 듣고 싶을까?"
- "외모가 마음에 안 들거나 공부를 못해서 힘들어하는 친구가 있다면 어떻게 위로하면 좋을까?"

다음은 이런 대화를 토대로 만든 초등 5학년 엄지영이 쓴 그림책 《공부를 못해도 괜찮아!》의 일부입니다. 지영이는 친구들을 "괜찮아!"라고 위로하는 그림책을 쓰면서 오히려 자신이 위로를 받고 힘을 얻었다더군요.

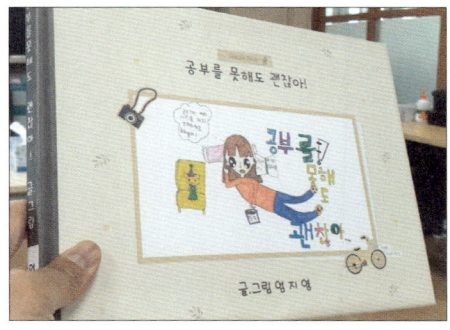

《공부를 못해도 괜찮아!》, 엄지영 글·그림

'공부 대신 여러 가지를 해 보고 장래 희망을 정해 볼까?' (공부를 못해도 괜찮아…)

"달리기를 잘하면 되잖아. 다음에 육상 선수가 되거나 체육 선생님이 되면 되잖아!" (공부를 못해도 괜찮아! 달리기를 잘하면 되잖아.)

"청소를 잘하면 되잖아! 다음에… 청소 도우미가 되거나, 환경 도우미가 될 수 있어." (공부를 못해도 괜찮아! 청소를 잘하면 되잖아.)

글쓰기 부담이 적은 그림책
"나만의 톡톡 튀는 문장을 반복 패턴으로"

문장이 반복되며 진행되는 책은 이야기가 단순해서 전개에 대한 기대감이 낮고 지루할 것만 같죠? 하지만 우리가 알고 있는 유명한 그림책 중에는 문장이 매력적으로 반복되어 독자의 마음에 스며든 작품들이 많습니다. 대표적인 책으로《꿈꾸는 윌리》,《곰 사냥을 떠나자》,《갈색 곰아, 갈색 곰아, 무엇을 보고 있니?》등이 있습니다.

이 책들은 실제로 어린이의 문자 학습에 유용한 자료로 사용되고 있는 교과서 같은 작품이에요. 그림책에 나오는 반복적인 표현이 독자의 시선을 사로잡은 이유는 무엇일까요? 이런 그림책에서는 같은 표현의 어구가 반복되면서도 표현하는 대상이 계속 바뀌거나 상황이 바뀌죠. 이런 형식은 이야기의 연속성을 주는 동시에 이어지는 이야기에서 새로 등장하는 대상이나 상황에 대한 기대감을 높여서 독자들이 이야기에 집중하게 합니다.

또, 반복되는 표현은 어린 독자들에게는 심리적인 안정감과 편안함을 주죠. 같은 표현이 반복되면 리듬감이 느껴져 문자 습득 단계에 있는 아이들은 그림책을 쉽고 부담 없이 받아들일 수 있어요. 특히 그림책 쓰기를 할 때 반복적인 표현을 익히면 창작에 대한 부담감을 낮추고, 글쓰기에 대한 자신감을 심어 줄 수 있습니다.

01 흥미진진한 모험 이야기, 《곰 사냥을 떠나자》

《곰 사냥을 떠나자》, 마이클 로젠 글, 헬린 옥슨버리 그림, 시공주니어

《곰 사냥을 떠나자》에서는 아이들이 곰 사냥을 떠나면서 겪는 다양한 경험이 신나게 펼쳐집니다. 일상생활에서 쉽게 접할 수 없는 '곰'과 '사냥'이라는 소재는 아이들을 이야기 속으로 쉽게 이끕니다. 아이들에게 곰을 사냥한다는 기대감과 함께 '진짜 무서운 곰이 나타나기라도 한다면?'이라는 두려움과 긴장감을 불러일으킵니다.

책을 보면 "곰 잡으러 간단다. 큰 곰 잡으러 간단다."라는 문구의 반복과 함께 아이들이 계속해서 넘어야 할 새로운 장애물이 등장해요. 장면마다 새로운 장애물을 마주하고 '진짜 곰 사냥을 할 수 있을까?', '다음에는 어떤 장애물을 뛰어넘을까?' 하는 호기심과 기대감을 유발해 아이들이 지루함을 느낄 틈이 없게 합니다. 일상생활에서 접할 수 없는 모험적인 이야기가 아이들의 관심을 끄는 동시에 이야기 속에 나오는 또래 등장인물의 상황에 자신을 대입해 이야기에 대한 집중도를 높이고 있어요. 이렇게 등장인물이 겪는 경험을 장면마다 다르게 하면서 결말에 대한 긴장감을 놓치지 않는다면 반복되는 형식일지라도 충분히 흥미로운 이야기가 될 수 있죠.

― "곰이 아닌 다른 동물을 사냥하게 되면 어떤 일이 벌어질까?"

― "사냥이 아닌 다른 활동(채집, 동물 친구 찾기 등)으로 바꿔 보는 건 어떨까?"

― "곰 사냥 중에 헤쳐 나가는 장애물들을 다른 것으로 바꿔 보자!"

― "글에 나오는 반복되는 표현을 다른 표현으로 바꿔 보자!"

― "사냥처럼 모험심이 생기게 하는 활동에는 어떤 것이 있을까?"

아이들은 모험 이야기를 쓰는 것을 좋아하지만, 위기를 만나고 그 위기를 극복하는 과정을 쓰는 건 어려워합니다. 그럴 때 반복적인 구조의 그림책은 길잡이가 되어 줍니다. 다음은 5학년 김보승 학생이 반복적인 구조로 쓴 《작은 유령 이야기》의 일부입니다.

《작은 유령 이야기》, 김보승 글·그림

그래서 유령은 까마귀를 쫓아 산을 넘!

강을 건!

바다를 건너고,

02 단순한 소재라도 재미있어, 《그건 내 조끼야》

《그건 내 조끼야》, 나카에 요시오 글,
우에노 노리코 그림, 비룡소

《그건 내 조끼야》는 간결한 그림체와 함께 동일한 대화가 반복되고 있는 그림책입니다. 생쥐가 자기 조끼를 자랑하자 다른 동물들이 생쥐의 조끼를 입어 보는 과정이 익살스러운 표정과 함께 이어집니다. 이 책에서는 '조끼'라는 소재 자체가 이야기를 이끌어 나가는 중심 역할을 하고 있어요.

조끼를 입고 싶어 하는 동물들이 "정말 멋진 조끼다! 나도 한번 입어 보자."라고 말하고 생쥐는 "그래."라고 답하는 말이 장면마다 등장하는데요. 이때 작가는 새로운 동물을 장면마다 보여 주면서 그 동물의 크기를 점진적으로 크게 표현해 동물 친구들이 입을 때마다 늘어나는 조끼를 보여 줍니다.

책장을 넘길 때마다 늘어나는 조끼의 크기만큼 독자의 흥미도 점점 커지게 되죠. '그 다음에는 얼마나 큰 동물이 나올까?', '이러다가 조끼가 다 망가지는 거 아니야?', '이 장면에서 나온 동물보다 더 큰 동물은 뭐가 있지?'라는 생각을 하며 책을 읽게 됩니다. 나아가 조끼라는 단순한 소재도 이야깃거리가 될 수 있다는 점을 독자들에게 깨닫게 하고, 거창한 에피소드나 모험담을 창작해야 한다는 부담감을 없애고, 사물을 새로운 관점으로 바라보게 합니다.

- "조끼를 다른 것으로 바꿔 보자!"
- "글에 나오는 반복되는 표현을 다른 표현으로 바꿔 보자."
- "쥐처럼 나도 다른 친구들에게 자랑하고 싶은 게 있을까?"
- "조끼가 늘어나지 않게 하면서도 친구들에게 멋진 조끼를 자랑할 수 있는 새로

운 방법을 찾아볼까?"

―"조끼를 입어 보는 동물들을 다른 동물들로 바꿔 볼까?"

　소재를 찾지 못해 그림책 쓰기를 시작조차 못하는 아이들에게 반복적인 구조는 큰 힘이 됩니다. 생쥐의 조끼뿐만 아니라 팬티, 연필 같은 학용품, 장난감 자동차, 숟가락 등 우리 주변에서 쉽게 볼 수 있는 것을 "누구 것일까?" 하고 묻는 반복적인 구조로 이야기를 시작하도록 도와주세요. 그러면 아이들이 쉽게 이야기를 시작할 수 있을 것입니다.

《누구 그림자일까?》, 최숙희 글·그림, 보림

《장갑》, 에우게니 M. 라쵸프 글·그림, 한림출판사

《눈을 감아 보렴!》, 빅토리아 페레스 에스크리바 글, 클라우디아 라누치 그림, 한울림스페셜

《민들레는 민들레》, 김장성 글, 오현경 그림, 이야기꽃

03 아이들이 좋아하는 똥 이야기, 《누가 내 머리에 똥 쌌어?》

《누가 내 머리에 똥 쌌어?》, 베르너 홀츠바르트 글, 볼프 에를브루흐 그림, 사계절

　《누가 내 머리에 똥 쌌어?》는 제목에서도 드러나듯이 두더지가 자신의 머리에 똥을 싼 동물을 찾아다니는 이야기입니다. 앞에서 소개한 《그건 내 조끼야》와 비슷한 구조입니다. 머리에 똥을 얹은 두더지는 장면마다 반복적으로 등장하지만, 용의선상에 오른 동물은 장면마다

바뀌고 있죠.

《그건 내 조끼야》가 '조끼'라는 싫지도 좋지도 않은 중립적인 의미의 일상적 소재를 사용한 것과는 달리 《누가 내 머리에 똥 쌌어?》는 아이들의 관심과 시선을 한번에 사로잡을 수 있는 '똥'을 이야기 소재로 삼았습니다. 똥 이야기를 마다할 아이가 있을까요? 똥 자체는 더럽고 가까이 가기 싫은 대상이지만, 아이러니하게도 아이들의 관심을 집중시키는 소재입니다. 그러므로 '누군가 내 머리에 똥을 싼다면'이라는 다소 끔찍한 주제만으로도 아이들과 쉽게 이야기를 풀어 나갈 수 있습니다.

— "누군가 내 머리에 똥을 싼다면 어떻게 할까?"
— "내가 겪은 똥 이야기를 친구들에게 재미있게 말해 보자!"
— "똥을 다른 것으로 바꿔서 이야기를 만들어 보자!"
— "누가, 왜 두더지의 머리 위에 똥을 쌌을까?"
— "똥이라는 소재로 새로운 이야기를 만들어 보자!"
— "머리가 아닌 다른 곳에 똥을 쌌다면 어떻게 이야기가 진행될 수 있을까?"

이 외에도 똥이나 오줌, 코딱지를 소재로 다루고 있는 그림책 중에서 반복되는 구조로 되어 있어서 아이들이 그림책을 쓰는 데 길잡이가 될 만한 책들을 소개합니다.

《커다란 방귀》, 강경수 글·그림, 시공주니어

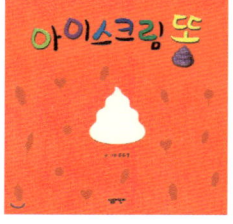
《아이스크림 똥》, 김윤정 글·그림, 살림어린이

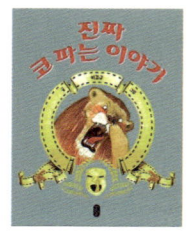
《진짜 코 파는 이야기》, 이갑규 글·그림, 책읽는곰

《똥은 참 대단해!》, 허은미 글, 김병호 그림, 웅진주니어

상상력을 자극하는 그림책
"동식물과 사물을 의인화하기"

　의인화 기법은 그림책에 단골로 쓰이는 방법이죠. 의인화란 사람이 아닌 대상을 사람처럼 표현하는 것을 말합니다. 의인화를 하게 되면 동물뿐만 아니라 바위, 나무 등 무생물이 사람처럼 인격을 가지고 대화하며 우정을 만들어 가기도 하고, 가족애를 느끼기도 합니다. 사실 대부분의 그림책에는 의인화가 들어가죠.

　아이들은 자기 주위에 있는 물건이 살아 있는 것처럼 대하는데요. 인형에게 말을 걸거나 음식을 먹이는 흉내를 내기도 하고, 무언가에 걸려 넘어졌을 때 그 대상을 "때찌, 때찌!" 하면서 위로를 받는 모습도 볼 수 있죠. 그래서 아이들에게 굳이 의인화 기법을 강조하지 않아도 자연스럽게 관심 가는 대상에게 생명을 불어넣으며 이야기를 만들어 갈 수 있습니다.

　아이들에게 의인화 기법을 설명하려고 할 때, 애니메이션을 활용하면 금방 이해합니다. 대표적인 캐릭터로는 〈겨울왕국〉의 올라프, 〈니모를 찾아서〉의 니모, 〈도라에몽〉의 주인공 도라에몽 등이 있죠. 〈토이 스토리〉에서는 등장하는 인형들도 모두 의인화되어 있죠. 의인화를 할 때는 인간의 특성을 입히면 되는데, 가장 쉬운 방법이 인간의 말을 하도록 하는 것입니다. 그러고 나서 성격과 표정을 부여하면 개성 있는 캐릭터가 됩니다. 또, 인간의 팔과 다리의 특징을 살려 움직임을 주면 물건이 본래 가지고 있는 특성에 더 많은 이야기를 더할 수 있습니다. 의인화 기법을 쓴 그림책 속에 함축되고 숨겨진 의미를 아이들과 함께 찾아가다 보면 자연스럽게 아이들도 상상의 세계를 넓힐 수 있습니다.

01 먹이사슬의 관계, 《거미와 파리》

《거미와 파리》, 메리 호위트 글, 토니 디털리치 그림, 열린어린이

《거미와 파리》는 얽히고 설킨 생태계에서 서로 먹이사슬 관계에 있는 거미와 파리를 의인화 기법을 써서 흥미로운 캐릭터로 재탄생시킨 그림책입니다. 거미가 거미줄을 쳐서 파리를 잡아먹는 과정이 동물의 한살이와 먹이사슬 관계에 호기심이 가득한 아이들에게는 흥미로운 소재가 되죠.

또, 과학 지식을 이야기에 적용하고 활용하는 능력도 키워 줄 수 있습니다.

이 책은 생태계적 관계에다가 시적인 표현과 미스터리한 분위기로 현장감을 더하고 있습니다. 의인화된 관계는 일반적인 먹이사슬의 현실에서 벗어나서 2차적인 의미를 생성해 낼 수 있는데요. 이 책은 아이들에게 교훈을 주는 방향으로 새로운 의미를 창조했습니다. 이 책을 보여 주면서 생태계의 세계를 이해하고 이야기를 만들 수 있게 안내하는 동시에 의인화된 관계에서 어떤 의미를 찾을 수 있는지 안내해 주세요.

─ "거미와 파리처럼 먹이사슬 관계에 있는 동물은 무엇이 있을까?"
─ "자신이 찾은 먹이사슬, 먹이그물 관계의 동물들에게 어떤 새로운 이야기를 입히면 좋을까?"
─ "먹이사슬 관계 안에서 또 어떤 새로운 의미를 담으면 좋을까?"
─ "거미와 파리의 생태계적 관계를 생각하며 진행되는 이야기를 바꿔 볼까?"

다음은 어류의 먹이사슬을 보여 주는 5학년 류성환 학생의 그림책《고등어의 삶》의 일부입니다.

《고등어의 삶》, 류성환 글·그림

고등어가 태평양을 지나가고 있었어요.

이때! 상어가 쫓아오고 있었어요.

고등어는 고래에게 먹히고 말았어요.

02 생태계를 넘어선 반전, 《여우가 오리를 낳았어요》

《여우가 오리를 낳았어요》, 쑨칭펑 글, 팡야원 그림, 예림당

《여우가 오리를 낳았어요》에서는 오리 알을 발견한 여우가 오리를 잡아먹기 위해 알을 부화시키는 이야기가 전개됩니다. 여우가 오리를 잡아먹는 이야기라면 단순한 먹이 사슬의 관계일 뿐이죠. 하지만 작가는 부화한 오리가 가장 먼저 마주한 여우를 아빠라고 부르면서 생태계적 관계를 비틀어 버리고, 이야기에 반전을 줍니다.

그림책 안에서 동물들이 친구가 되는 일은 비일비재하죠. 작가는 생태계적 관계를 뛰어넘어 가족애를 부여함으로써 이야기 방향을 전환하고, 재미와 새로운 의미를 창출했습니다. 먹이사슬을 넘어서는 우정과 가족애는 동심을 자극하는 따뜻한 요소가 되죠. 이런 그림책은 아이들의 생각하는 폭을 넓히고 사물을 볼 때 더욱 탄력적인 관점을 가지게 해 줍니다.

— "여우의 먹이그물 관계를 생각하며 오리 알을 다른 것으로 바꿔 볼까?"
— "오리 알은 어떻게 여우의 손에 들어가게 된 걸까?"
— "이후에 오리와 여우는 어떤 삶을 살았을까?"
— "여우와 오리처럼 먹이사슬 관계에 있는 동물들이 친구나 가족이 되는 이야기를 만들어 보자!"

먹이사슬이나 동물과 동물끼리, 동물과 사람과의 우정이 잘 나타난 그림책을 더 살펴볼까요.

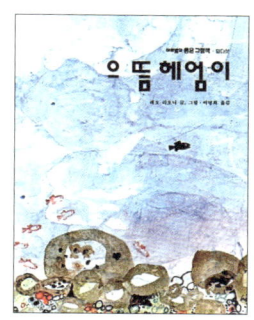
《으뜸 헤엄이》, 레오 리오니 글·그림, 마루벌

《상어가 나타났다!》, 천미진 글, 한상언 그림, 키즈엠

《고 녀석 맛있겠다》, 미야니시 다쓰야 글·그림, 달리

03 무생물을 의인화한 《파랑이와 노랑이》

《파랑이와 노랑이》는 색깔을 의인화해 모험, 우정, 가족애를 다룬 그림책입니다. 무생물인 색깔에 생명을 불어넣어 의인화한 점이 인상 깊은 책이죠. 또한 미술 시간에 배울 수 있는 색의 혼합에 대해 자연스럽게 배울 수 있다는 점도 흥미로운데요.

보통 동물을 의인화할 때는 동물이 가진 생태학적인 특징을 고려해 인격을 부여하면 됩니다. 반면, 무생물을 의인

《파랑이와 노랑이》, 레오 리오니 글·그림, 물구나무

화할 때는 아이의 상상력으로 이야기를 펼치게 해 보세요. 그러면 그 아이만의 진정한 세계관을 담을 수 있습니다. 하지만 무생물을 의인화할 때는 생태학적인 특징이 없기 때문에 동물을 의인화하는 것보다는 어렵습니다. 그래서 《파랑이와 노랑이》처럼 그림체가 단순한 그림책은 아이들에게 무생물을 의인화하는 데 부담감을 덜 수 있습니다.

- "나를 나타내는 색깔은 어떤 색깔일까? 그 이유는 뭘까?"
- "우리 반 친구들에게 어울리는 색을 찾아볼까?"
- "각각의 색과 어울리는 성격으로 어떤 새로운 이야기를 만들 수 있을까?"
- "오늘 일기를 나의 감정과 상황을 나타내는 색들로 나타내 보자!"
- "색을 혼합했을 때 나타나는 색에 어떤 의미를 주면 좋을까?"
- "무생물 중 어떤 것을 사람처럼 나타내 보면 좋을까? 주위에 사물들을 관찰해 보자!"
- "선택한 무생물이 사람이 되었을 때 어떤 성격을 가지게 될까?"
- "무생물을 사람처럼 나타내어 새로운 이야기를 만들어 보자!"

무생물을 의인화한 그림책들 중에서 아이들이 그림책을 쓰는 데 도움이 될 몇 권을 살펴볼까요.

《말괄량이 기관차 치치》, 버지니아 리 버튼 글·그림, 시공주니어

《부엌칼의 최대 위기》, 미야니시 다쓰야 글·그림, 미래아이

《작은 집 이야기》, 버지니아 리 버튼 글·그림, 시공주니어

《까만 크레파스》, 나카야 미와 글·그림, 웅진주니어

감정을 알아 가게 해 주는 그림책
"지금 고흐의 마음은 해바라기입니다"

　자기감정을 마주하며 감정을 배워가는 일은 생소하긴 해도 우리 삶을 더 풍성하게 해 줍니다. 자신이 느끼는 감정이 어떤 감정인지 알고 이에 적절히 대처할 수 있다면 타인의 감정에도 마찬가지로 잘 대처할 수 있겠죠. 지식을 습득하듯이 머리로 이해하고 외우는 방법으로는 감정을 알아 갈 수 없습니다. 타인의 감정은 자신도 그걸 직접 느껴 보아야 알게 되고, 이해할 수 있으며, 그런 후에 진정으로 공감할 수 있습니다.

　말로만으로는 전달하기 힘든 감정이라는 소재를 그림책을 통해 아이들에게 전달하면 아이들은 자신이 느껴 본 감정을 다시 한 번 더 돌아보게 됩니다. 타인의 감정을 더 잘 이해하게 되면서 공감하는 힘을 키울 수 있죠. 여기에서 더 나아가 아이들 스스로 자기감정을 솔직하게 풀어놓은 그림책을 창작한다면 자기감정을 건강한 방식으로 느끼고 정리하며 표현할 수 있는 기회가 될 것입니다.

01 스스로 감정을 지키는 법, 《마음아 안녕》

《마음아 안녕》, 최숙희 글·그림, 책읽는곰

　　타인으로 인해 다칠 수 있는 마음을 스스로 지키는 방법을 아이의 시선에서 풀어 나가는 책입니다. 아이의 마음을 힘들게 하는 대상을 괴물로 표현하면서 장면마다 그 괴물이 어떤 식으로 아이의 마음을 힘들게 하는지 비유적으로 보여 줍니다.

　　현실에서 우리 마음을 힘들게 하는 외부 요인은 정말 많죠. 특히 사람들이 아무렇게나 던지는 말로 인해 상처 받는 일은 아이나 어른이나 마찬가지입니다. 이 책은 타인들의 '말'에 의해 내 마음이 아플 때 어떻게 용기를 내어 그 '괴물'과 맞서 싸워야 하는지 보여 주고 있습니다. 살아가면서 경험을 통해 괴물과 맞서 싸우는 방법을 터득한 사람도 있지만, 아직 방법을 알지 못해 괴물에게 마음을 잠식당하며 자책하는 삶을 살아가는 사람도 많죠. 내 마음을 찌르고 있는 괴물들을 마주하면서 쌓아만 두었던 마음의 짐을 아이들과 함께 해결해 나가는 시간을 가져 보는 건 어떨까요?

- "책 속의 괴물들이 실제로 우리 주변에 있는지 찾아볼까?"
- "어떤 경우에 마음이 힘들고 슬프니?
- "나를 힘들게 하는 사람이나 상황을 이 책처럼 괴물로 비유해 보자! 괴물이 아닌 다른 것에 빗대고 싶다면 무엇에 비유하고 싶니?"
- "내가 만약 주인공이라면 어떻게 괴물에 대처했을까?"
- "이 책에 나오는 부정적인 말과 상황을 긍정적으로 바꿔서 새로운 이야기를 만들어 보자!"

다음은 타인의 말과 시선에서 벗어나지 못하는 자신을 돌아보며 자신의 참모습을 찾는 과정을 그린 5학년 이동영 학생의 그림책《생일 날 일어난 일》의 일부입니다.

《생일 날 일어난 일》, 이동영 글·그림

그런데 요즘 주변에서 이상한 시선이 느껴졌어요.

음… 나는 너니까!

그리고 소녀는 좀더 성장하였을 것입니다.

02 감정을 맛있게 요리하자, 《어린이 감정 요리법》

《어린이 감정 요리법》은 감정을 음식에 비유해, 감정에 대처하는 자세, 부정적인 감정을 해결하는 방법을 재미있게 표현하고 있습니다. 행복, 걱정, 부끄러움, 두려

《어린이 감정 요리법》, 마크 네미로프·제인 아눈지아타 글, 크리스틴 바투즈 그림, 아이맘

움 등 열 가지 이상의 감정을 소개하고 있는데요. 여러 감정은 각기 다른 특징을 가진 음식과도 같으며, 이것을 적절하게 요리하려면 어떻게 해야 할지 함께 생각할 수 있는 책입니다.

감정을 음식과 요리에 빗댄 건 생소한 비유법이지만, 이 생소함에서 오는 신선함으로 독자의 시선을 단번에 사로잡는 책입니다. 새로운 음식이 소개될 때마다 어떤 감정이 들었고, 어떤 행동을 취했는지 기억을 떠올리게 해서 자기 행동을 되돌아보게도 하죠. 감정을 요리 말고도 무엇에 빗댈 수 있는지 아이들과 함께 찾아보고, 여러 감정에 건강하게 대처하는 자기만의 방법을 찾아 이야기를 만들게 지도해 보세요.

- "소개하고 싶은 감정 몇 가지를 골라 보자!"
- "그 감정을 어떤 대상에 빗대고 싶니?"
- "그 감정이 나에게 나타났을 때 어떻게 건강한 방법으로 대처할 수 있을까?"

03 자기감정을 들여다보기, 《화가 나서 그랬어!》

주인공이 화났을 때 하는 행동을 일과로 나열해서 그림일기처럼 표현하였습니다. 어른의 관점에서 보면 이 책의 주인공은 '말 안 듣는 아이'의 표본 같아서 주인공 같은 방법으로 화를 푸는 것을 추천하고 싶지는 않아요. 그러나 이 책의 주인공은 자기감정에 아주 솔직해서 어떨 때는 대리 만족이나 통쾌함이 느껴집니다. 아무리 아이라 해도 현실에서 이 책의 주인공처럼 화를 마음대로 표출하는 건 금기시되고 있으니까요.

《화가 나서 그랬어》, 레베카 패터슨 글·그림, 현암주니어

주인공은 소리를 지르고 떼를 쓰고 길바닥에 드러눕는 등 우리가 감히 하지 못하는 행동을 '화가 났기 때문에'라는 이유로 당당하게 표현합니다. 이 책을 읽는 아이들은 '나도 화가 나면 주인공처럼 행동할 거야!'라고 생각하기보다는 제삼자의 입장에서 그 행동을 부끄러운 것으로 받아들이게끔 여지를 남깁니다. 이는 장면마다 주인공이 마음껏 화를 푸는 행동으로 인해 상처와 손해를 입는 대상의 표정을 보여 주기 때문인데요. 주인공처럼 '화'를 적극적으로 표현해 보는 것도 재미있는 이야기 소재가 된다는 사실을 아이들은 발견하게 됩니다. 또, 주인공과 달리 건강한 방법으로 화를 푸는 방법을 함께 찾아보는 것도 좋은 이야깃거리가 될 수 있겠죠.

— "주인공처럼 마음껏 화를 푸는 나만의 방법을 이야기해 보자!"
— "이야기 속 주인공은 왜 화가 난 걸까?"
— "주인공이 화를 좀 더 건강하게 푸는 방법으로 이야기를 바꿔 보자!"
— "'화'가 아닌 다른 감정을 정해서 그 감정을 해결해 나가는 이야기로 바꿔 보자!"
— " 내가 화가 날 때, 내가 쓸쓸할 때, 내가 부끄러울 때, 내가 초조할 때, 내가 슬플 때 등 여러 가지 감정으로 이야기를 만들어 보자."

감정을 다루고 있는 그림책 중 자기감정을 이해하고 타인의 감정에 공감하는 힘을 키워 주는 그림책에는 어떤 책이 있을까요?

다음의 그림책들을 살펴보면 도움이 될 것입니다.

   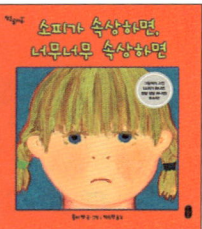

《눈물바다》, 서현 글·그림, 사계절

《쿠키 한 입의 인생수업》, 에이미 크루즈 로젠탈 글, 제인 다이어 그림, 책읽는곰

《기분을 말해 봐》, 앤서니 브라운 글·그림, 웅진주니어

《소피가 속상하면, 너무너무 속상하면》, 몰리 뱅 글·그림, 책읽는곰

그림만으로 이야기를 이끌어 나가는 그림책
"글이 없어도 그림책이 됩니다"

많은 그림책들은 그림과 글이 상호 보완하며 이야기를 완성해 나가는데요. 글 없이 그림만으로 이야기를 이끌어 나가는 그림책도 있습니다. 글 없는 그림책의 경우, 독자가 글이 없어도 그림책을 읽을 수 있게 서사를 가진 그림들로 화면을 가득 채워 이야기를 이끌어 나갑니다. 반대로, 아주 간결한 그림으로 그림 자체에 집중도를 높이는 그림책도 있어요. 그림으로만 이야기가 진행되는 그림책은 문자 습득이 미흡한 어린아이들에게 매력적인 읽기 도구입니다. 또, 아이들이 그림책 쓰기에 쉽게 도전할 수 있도록 동기를 유발할 수 있습니다.

01 외로운 아이의 하루를 그리다, 《고릴라》

《고릴라》는 외로운 하루를 보낸 아이와 고릴라가 친구가 되어 함께 소소한 모험

을 하는 이야기입니다. 한 편의 일과를 담은 그림일기처럼 아침부터 저녁까지의 시간의 흐름이 장면마다 잘 펼쳐지고 있죠. 외로운 주인공의 하루를 아무 대사 없이 그림으로만 전달해 더 인상적입니다.

《고릴라》, 앤서니 브라운 글·그림, 비룡소

이 책에서 주인공의 외로운 마음을 채워 주는 친구는 사람이 아닌 동물 '고릴라'입니다. 그렇다 보니 대화가 필요 없는 상황으로 자연스럽게 이야기를 이끌어 나갑니다. 작가는 장면 설명과 등장인물 간에 대화가 필요 없도록 동물 친구를 제시함으로써, 문자의 부재가 오히려 자연스러운 상황으로 만들고 있습니다. 아이들이 그림만으로 그림책을 창작할 때 이렇게 섬세한 구성을 짜기는 쉽지 않습니다. 아이들이 자연스럽게 이야기가 흘러갈 수 있는 장면들로 그림책을 채워 나갈 수 있게 생각을 확장하는 질문을 해 주세요.

— "이 장면이 무엇을 말하고자 하는 걸까?"
— "이 장면은 어떤 느낌을 주는 것 같니?"
— "오늘 일과를 장면별 그림일기로 나타내 보자!"
— "친구가 그림으로 나타낸 장면이 어떤 상황인지 설명해 보자!"
— "친구가 어떤 장면인지 알기 힘들어한 장면은 이야기가 잘 드러나는 그림으로 수정해 보자!"

02 입체적 그림체로 생동감을 더한 《구름빵》

《구름빵》은 구름빵을 먹고 하늘을 날며 여러 가지 체험을 하는 고양이 가족의 가족애를 다룬 그림책입니다. 이 책은 입체적인 그림체가 주는 거리감, 공간감을 통해 등장인물들의 역동성을 잘 표현했어요. 작가는 인물과 소품을 손수 제작하여 세트를 만들고 사진으로 찍었습니다. 구름의 푹신한 촉감과 구름빵의 말랑한 촉감 등 시각적인 재미를 느낄 수 있습니다.

《구름빵》, 백희나 글·그림, 한솔수북

앞서 앤서니 브라운의《고릴라》는 문자가 없어도 자연스러운 상황을 만들어 문자의 빈자리를 느끼지 않게 했다면《구름빵》은 제목으로 이야기 실마리를 제공한 뒤, 장면을 가득 채운 입체적인 그림체로 이야기를 풀어 나가고 있습니다. 아이들이 이렇게 공간감을 주는 입체적인 그림을 그리는 건 쉽지 않습니다. 이야기 창작도 쉽지 않은데 입체적인 그림체까지 개발하는 건 아이들에게 큰 부담이 되어 그림책 쓰기를 쉽게 포기할 수 있죠.

그래서 고학년 미술 시간이나 국어 시간에 모둠을 활용해 장면을 입체적으로 나타내는 작품 활동을 하기를 추천합니다. 입체적인 장면 만들기 활동 순서는 다음과 같아요.

입체적인 장면을 만드는 활동 순서

❶ 반 아이들과 함께 읽은 책이나 국어 교과서에 나오는 글 중에서 인상 깊은 장면이나 에피소드를 선정합니다.

❷ 3, 4인이 한 모둠이 되어 점토나 아이클레이, 종이접기 등 창의적인 방법으로 등장인물을 입체로 만들고, 배경은 간단히 그립니다.

❸ 카메라로 이야기에 맞게 등장인물을 움직이면서 다양한 구도로 연속 촬영합니다.

❹ 프린트한 후 제본해 그림책을 완성합니다. 또는 종이 책이 아닌 스톱 모션 스튜디오 stop motion studio 애플리케이션을 활용해 영상을 제작한 후 전자책 ebook 만들기에도 도전할 수 있어요. 휴대폰으로 플레이스토어에서 스톱 모션 스튜디오 애플리케이션을 설치한 후 사용해 보세요.
아래 QR 코드는 아이들이 직접 만든 직접 만든 스톱 모션 무비입니다. 감상하며 참고해 보세요.

'넷째 형 가출하다'

'다탕으로 오세요'

2015 개정 교육과정에서는 초등학교 3학년부터 '한 학기 한 권 읽기'를 하고 있습니다. 각 학년 국어 교과서에는 '책을 읽고 생각을 나누어요'라는 단원을 신설해 체계적으로 독서 교육을 할 수 있도록 안내하고 있는데요. 다 함께 책을 읽은 후에는 독후 활동으로 미술 시간과 통합해서 입체 그림책 쓰기를 해 보길 권합니다.

― "친구들과 함께 읽은 책을 입체 그림책으로 만들어 보자!"
― "어떤 장면이 가장 기억에 남니?"
― "그 장면의 배경과 등장인물을 어떤 재료를 활용해 나타내고 싶니?"
― "모둠 친구들과 협의해 정한 방식대로 배경과 등장인물을 완성한 뒤 사진으로

장면을 남겨 보자!"

―"이야기의 흐름이 자연스럽도록 장면을 순서대로 나열해 보자!"

《구름빵》을 지은 백희나 작가의 또 다른 입체 그림책 《알사탕》을 함께 제시하면 아이들이 아이디어를 얻는 데 큰 도움이 될 수 있을 것입니다. 《알사탕》은 종이 인형을 수작업으로 만들어서 등장인물을 입체감 있게 표현했습니다.

《알사탕》, 백희나 글·그림, 책읽는곰

03 연상 기법을 활용한 《빨간 풍선의 모험》

《빨간 풍선의 모험》은 제목에서 말해 주듯이 빨간 풍선이 떠다니며 사과가 되었다가, 나비도 되는 등 다양한 경험을 하는 이야기입니다. 어릴 적에 "원숭이 엉덩이는 빨개, 빨가면 사과, 사과는 맛있어, 맛있으면 바나나, 바나나는 길어, 길면 기차, 기차는 빨라, 빠르면 비행기."라는 노래를 불렀던 추억을 떠오르게 하는 책입니다.

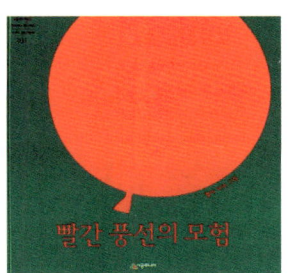

《빨간 풍선의 모험》, 옐라 마리 글·그림, 시공주니어

이 책에서 빨간 풍선이 어떤 대상이 되는 과정을 살펴보세요. 우리가 대상을 떠올리게 하는 연상 기법이 들어가 있습니다. 말로 하는 것보다 좀 더 섬세한 단계적 연상 기법이 들어가 있죠. 예를 들어 사과가 된 빨간 풍선이 나뭇가지에서 떨어져, 땅에 부딪히면서 양쪽 가운데 끝이 갈라지고, 갈라진 모양이 나비의 날개와 비슷해

지는데, 그 모습은 나비를 떠올리게 합니다. 어떤 문장을 쓰더라도 이 장면을 그림보다 더 잘 표현하기는 힘들죠. 이처럼 연속적 연상 기법을 활용한 그림책을 쓸 수 있게끔 아이들을 도와주세요.

— "빨간 풍선처럼 다른 대상으로 쉽게 연결할 수 있는 대상을 하나 정해 보자(새로운 것을 생각해 내기 힘들어한다면 빨간 풍선에서 시작하게 지도한다)."
— "마인드맵을 그려 그 대상과 연결 지어 떠오르는 걸 적어 보자."
— "연결 지어 떠올린 대상은 처음 떠올린 대상과 어떤 연결 고리가 있는지 연결점을 만들어 보자."
— "위 방법을 반복해서 빨간 풍선의 모험 같은 그림책을 만들어 보자."

그림으로만 이야기를 이끌어 나가는 다른 그림책을 소개합니다.

《구름공항》, 데이비드 위즈너 글·그림, 시공주니어

《눈사람 아저씨》, 레이먼드 브리그스 글·그림, 마루벌

《파도야 놀자》, 이수지 글·그림, 비룡소

《빨강 책: 우연한 만남》, 바바라 리만 글·그림, 북극곰

아이들의 삶을 닮은 그림책
"우리들의 이야기가 곧 책으로"

　일상에서 일어나는 일들을 다룬 그림책은 독자가 편하게 이야기를 읽고, 쉽게 공감할 수 있습니다. 경험이 적은 아이들의 경우, 자기 경험에 한정해서 이야기를 이해하는 경향이 많은데요. 아이들이 공감할 만한 일상을 담은 그림책은 등장인물에 쉽게 자기를 대입할 수 있어 이야기 속으로 쉽게 빠져들 수 있죠. 일상적인 이야기라고 해서 모든 아이가 똑같이 그림책을 경험하는 건 아닙니다. 일상적인 이야기이지만 어떤 아이는 그 내용을 이해하고, 어떤 아이는 이해하지 못하니까요. 또, 어떤 아이는 특별한 경험을 떠올리고, 새로운 경험에 대한 기대감을 가지기도 합니다.

01 어린 시절의 추억, 《숨바꼭질》

　《숨바꼭질》은 어린 남매가 숨바꼭질 놀이를 하며 겪는 소소한 일상적 이야기를

《숨바꼭질》, 앤서니 브라운 글·그림, 웅진 주니어

담고 있습니다. 전 세계 어린이들의 공감을 얻어 낼 수 있는 놀이를 주제로 다루어 쉽게 읽히는 책입니다. 어린 시절의 추억을 대표하는 주제는 학교, 친구, 놀이, 먹거리로 나눌 수 있지 않을까요? 그중에서 어린 시절 친구들과 지치도록 했던 놀이는 어른이 되어서도 잊히지 않는 추억이죠.

술래가 "꼭꼭 숨어라, 머리카락 보일라."라는 구절과 함께 숫자를 세고 나서 숨어 있는 사람을 찾아내는 숨바꼭질은 여전히 많은 아이들의 사랑을 받는 놀이 중 하나입니다. 아이들이 하는 놀이는 생활 속에서 쉽게 접할 수 있기에 이야기 소재로도 부담이 없으며, 또래 친구들의 마음도 쉽게 끌 수 있는 흥미로운 이야깃거리입니다.

- "요즘 즐기는 놀이는 무엇이니?"
- "어떤 놀이를 할 때 가장 즐거웠니?"
- "놀이하면서 겪었던 기억에 남는 사건이 있니?"
- "자신이 즐기는 놀이를 주제로 이야기를 만들어 보자."
- "부모님이 어린 시절 즐기던 놀이를 조사해 보고 그 놀이를 친구들과 직접 해 보자."
- "추억의 놀이를 주제로 이야기를 만들어 보자."

아이들과 재미있게 놀이를 할 수 있는 놀이 그림책을 살펴볼까요. 놀이 그림책을 가지고 아이들과 함께 놀아 주면서 아이들이 즐거운 생각을 떠올릴 수 있게 도와주세요.

《불을 꺼 봐요!》는 전등을 비추었을 때 생기는 그림자 모양을 보고 이야기를 만들며 그림자놀이를 할 수 있는 책입니다. 사냥을 나선 고양이, 꼭꼭 숨은 생쥐, 숲속의 부엉이, 빗자루를 탄 마녀의 그림자를 만날 수 있어요.

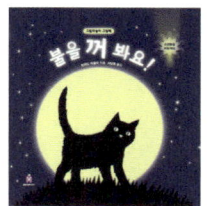

《불을 꺼 봐요!》, 리처드 파울러 글·그림, 보림큐비

《핑거 플레이》는 가족들과 친구들과 함께 놀 수 있는 손가락 놀이 그림책입니다. 손가락으로 토끼도 만들고, 눈사람도 만들고, 악어 놀이도 하고, 문어도 만들어 보고, 신나는 달리기도 할 수 있습니다.

《핑거 플레이》, 배수현 글·그림, 라운드그라운드

02 가족애를 다룬 《앤서니 브라운의 행복한 미술관》, 우정을 다룬 《친구란 뭘까?》

《앤서니 브라운의 행복한 미술관》은 평범한 가족의 미술관 나들이를 이야기 소재로 삼았습니다. 어렸을 때는 대부분 시간을 가족과 함께 보내죠. 가족과 여행 가고, 외식하고, 목욕탕에 가고, 놀이동산에 가는 일들은 아이들의 평범한 일상이면서도 아이들의 성장을 돕습니다. 이 책은 누구나 가족과 함께한 평범한 시간이 특별한 이야기 소재로 거듭날 수 있음을 보여 줍니다.

《앤서니 브라운의 행복한 미술관》, 앤서니 브라운 글·그림, 웅진주니어

아이들에게 가족만큼이나 크게 다가가는 존재는 바로 친구입니다. 친구와 있었던 일에서도 아이들은 이야기 소재를 많이 찾아내는 것을 볼 수 있습니다. 우정을

《친구란 뭘까》, 조은수 글, 채상우 그림, 한울림어린이

다루고 있는 그림책 《친구란 뭘까?》를 아이들과 함께 읽으며 어떻게 그림책을 쓰면 좋을지 이야기를 나눠 보세요. 참다운 우정이 무엇이며 어떤 친구가 좋은 친구인지, 백 마디 말보다 한 권의 그림책이 가르침을 주죠.

―"가족(친구)과 함께 보낸 시간 중 가장 기억에 남는 추억을 세 가지 찾아보자."

―"그 추억 중 가장 인상 깊었던 추억을 이야기로 써 보자."

―"그 추억이 왜 기억에 많이 남니? 음식, 농담, 장소 등 이야기의 중심 소재를 찾아 보자."

―"추억 속에서 가장 기억에 남는 대상을 중심으로 이야기 주제를 잡아 보자."

03 반려동물을 주인공으로, 《안 돼!》

《안 돼!》, 마르타 알테스 글·그림, 북극곰

《안 돼!》는 동물이 화자가 되어 이야기를 진행하는 의인화 기법이 적용된 책입니다. 하지만 앞서 소개했던 의인화 기법을 활용한 책과는 달리 집에서 가족과 함께 일상을 살아가는 반려견을 화자 겸 주인공으로 하여 이야기를 만들어 갑니다. 반려견의 시선에서 사람과의 일상을 다룬다는 점에서 신선하게 다가옵니다.

주인공 반려견은 인간이 자신에게 하는 말을 동물의 관점에서 이해하고 행동합니다. 사람의 시선에서는 볼 수 없었던 또 다른 시각에서 반려견의 마음을 생각해 볼 수 있습니다. 아이들이 그림책을 쓸 때는 이야기 소재를 반려동물로 국한하지 말고, 반려 식물도 이야기 소재로 삼을 수 있게 안내해 주세요.

- "나의 소중한 반려동물(식물)의 이름, 특징, 좋아하는 것, 자주 하는 행동 등을 소개해 보자."
- "반려동물(식물)이 자주 하는 행동의 의미를 반려동물의 입장에서 표현해 보자."
- "반려동물(식물)의 시각에서 세계를 바라보며 이야기를 만들어 볼까?"
- "반려동물(식물)을 주제로 하기 어렵다면, 주변에 관심 있는 대상으로 소재를 바꾸어 보자."

발상의 전환을 불러일으키는 그림책들
"생각의 틀을 깨고 우주로"

　그림책은 이야기 구성이 비교적 단순해서 결말을 예측하기가 쉽습니다. 누구나 예상이 가능한 이야기 전개는 독자가 기대하는 결말을 실현해 준다는 점에서 편안한 마음으로 책 읽기를 할 수 있습니다. 하지만 예상치 못한 이야기 전개와 결말, 반전 상황은 이야기를 더욱 풍성하게 하고, 긴장감을 놓지 못하게 하죠. 그 과정에서 독자는 더욱더 이야기에 몰입하게 되고 마음속으로 자신만의 결말을 예측하게 되는데, 이런 사고 과정이 이야기에 대한 애정을 높이기도 합니다.

　모두가 예상한 결말이 아닌 작가의 특별한 의도에 의한 결말은 잠들어 있던 독자의 상상력과 추리력을 일깨우며, 책에서 전하고자 하는 의미도 깨닫도록 도와줍니다. 발상의 전환이라는 기법은 독자들을 작가의 의도대로 이끌어 가면서도 한발 더 나아가 새로운 의미까지 창조할 수 있게 합니다.

　우리는 기존의 사고방식에 갇혀 참신한 발상을 하기 힘들 때가 많죠. 발상을 전환하게 하는 그림책은 아이들에게 폭넓은 사고를 하게끔 도와줄 것입니다.

01 고전을 패러디하다, 《종이 봉지 공주》

공주와 왕자가 등장하는 이야기는 대부분 "백마 탄 왕자가 위험에 처한 공주를 구해 내고 둘은 행복하게 살았답니다."로 이야기가 마무리되죠. 《종이 봉지 공주》는 반대로 용감한 공주가 왕자를 구하는 설정입니다. 어렸을 적부터 아름다운 공주를 구하는 용감한 왕자 이야기를 보고 듣고 자란 어른들에게는 이런 설정이 조금 생소할 수도 있겠죠.

《종이 봉지 공주》, 로버트 먼치 글, 마이클 마르첸코 그림, 비룡소

아이들이 반전을 일으키는 이야기를 창조하려면 먼저 줄거리의 밑바탕이 되는 이야기가 필요합니다. 밑바탕이 되는 내용도 없이 이야기의 반전을 창조하는 건 아이들에게 어려워요. 아이들이 알고 있는 고전 작품을 가지고 등장인물의 역할이나 관계의 설정을 바꾸거나 이야기 설정 자체를 정반대로 비틀어서 패러디 작품을 만드는 것도 재미있는 경험이 될 것입니다.

— "다음 문장을 예상치 못한 반전이 있는 문장으로 바꿔 보자. 예를 들어 '왕자는 잠을 자는 공주에게 입맞춤하였고 공주는 깊은 잠에서 깨어났습니다.'를 '왕자는 잠을 자는 공주 옆에서 기타로 록 음악을 연주했고 그 소리는 공주를 깨웠습니다.'로 바꿀 수 있지."
— "네가 읽은 악당을 물리치는 영웅 이야기, 공주와 왕자 이야기, 마법 이야기 중에서 바꾸고 싶은 이야기가 있니?"
— "네가 선택한 고전 작품의 등장인물의 성격과 관계, 이야기의 배경을 바꿔 보자."
— "바꾼 이야기의 설정에 예상치 못한 반전 요소도 추가해 보자."

반전이 있는 재미있는 그림책을 소개합니다. 아이들과 함께 읽어 보고 반전이 있는 곳을 찾아보세요.

《오싹오싹 팬티》, 에런 레이놀즈 글, 피터 브라운 그림, 토토북

《오싹오싹 당근》, 에런 레이놀즈 글, 피터 브라운 그림, 주니어RHK

《왕자님을 데려다 주세요》, 하인츠 야니쉬 글, 비르깃 안토니 그림, 주니어김영사

《최고의 이름》, 루치루치 글·그림, 북극곰

02 콤플렉스를 극복하자, 《짧은 귀 토끼》

《짧은 귀 토끼》, 다원시 글, 탕탕 그림, 고래이야기

《짧은 귀 토끼》는 토끼가 주인공인 이 책은 콤플렉스라는 다소 어려운 주제를 동심의 세계로 끌어들였습니다. 콤플렉스를 극복하는 방법을 토끼의 시선에서 아주 재미있게 풀어냈거든요. 나중에 토끼는 예상치 못했던 결과를 얻게 된다는 내용입니다.

'노력을 통해 콤플렉스를 극복한다'는 주제는 단순하지만, 단점을 더는 단점이 아니게 만드는 기발한 발상의 전환을 보여 주고 있습니다. 이 책을 통해 독자는 자신의 단점을 극복해야 할 대상이 아닌, 인정해야 할 대상으로 받아들임으로써 관점에 변화를 가져옵니다. 거기가 바로 이야기의 아이디어를 얻을 수 있는 시작점이기도 하죠.

― "내가 생각하는 나의 단점과 콤플렉스는 무엇일까?"

― "나의 단점을 극복하기 위해 내가 한(할) 노력은 무엇일까?"

― "단점 극복을 위해 노력하기에 앞서 나의 단점을 짧은 귀 토끼처럼 긍정적인 방향으로 생각해 보자."

― "위의 내용으로 이야기를 만들어 보자."

열등감이나 콤플렉스를 극복한 내용을 담은 그림책들을 읽어 보고 어떤 아이디어를 얻을 수 있는지도 살펴보세요.

《목 짧은 기린》, 프랭크 디킨스 글, 랠프 스테드먼 그림, 아름다운사람들

《하뿌의 분홍 리본 엉덩이》, 서정하 글, 윤혜지 그림, 주니어김영사

《할까 말까?》, 김희남 글, 윤정주 그림, 한솔수북

《점》, 피터 H. 레이놀즈 글·그림, 문학동네

3장

그림책 쓰기, 어떻게 하면 좋을까?

스토리텔러의 본능을 깨우자!
발상 훈련

 아이들과 그림책을 위한 이야기 글을 쓰기 전에, 우리가 흔히 듣고 쓰는 이야기에는 어떤 것들이 있는지 살펴보세요. 아이들의 놀라운 스토리텔러 본능을 일깨우는 데 도움이 됩니다. 샐리 오저스는 《이야기 쓰는 법》에서 이야기의 종류를 네 가지로 분류해 놓았습니다. '꾸며 낸 이야기', '다시 꾸며 낸 이야기', '개인적 이야기', '사실 이야기'가 그것입니다.

샐리 오저스의 이야기의 네 가지 종류

이야기를 이렇게 분류해 놓고 보니 아이들에게 "어떤 이야기든 괜찮아. 쓰고 싶은 이야기를 써 보렴." 하는 것이 옳다는 생각이 듭니다. 아이가 쓰고 싶은 것이 어떤 이야기든지 샐리 오저스의 분류에 들어갈 테니까요. 아이들의 머릿속에는 다양한 이야기가 존재하고 세상으로 막 뛰쳐나오기 위해 꿈틀거리고 있지만, 그 상상력이 하나의 이야기와 문자로 형상화되게 안내하는 일은 우리 교사들의 몫입니다.

하지만 아이들의 상상은 때 묻지 않은 순수한 매력이 있는 반면, 때로는 거칠고 이야기가 산으로 가기도 해서 좋은 이야기로 탄생하기까지는 작은 산통을 겪기도 합니다. 아이들의 상상력에 날개를 달아 주고, 발상을 도와주면 아이들은 더 행복하게 그림책을 써 나갈 수 있습니다.

01 다양한 발상 놀이로 아이들의 상상력에 날개를 달아 주어요!

① '만약에 ~라면'으로 생각 나누기

아이들의 기발한 발상을 끄집어 낼 수 있는 질문을 던져 보세요.

- "만약에 나에게 소원을 들어주는 요술 방망이가 있다면?"
- "만약에 전기가 차단된다면?"
- "만약에 내가 갑자기 앞을 못 보게 된다면?"
- "만약에 동물들이 하는 소리를 알아들을 수 있게 된다면?"

이렇게 질문을 제시하고 아이들과 돌아가면서 이야기를 하면 기발한 아이디어를 만날 수 있습니다. 처음에는 교사가 제시하다 나중에는 아이들이 아이디어를 내놓게 한 후 가장 기발한 아이디어를 뽑고 그것으로 이야기를 만들게 해 보세요.

② 동화에 등장하는 인물의 입장을 바꾸어 쓰기

《아기 돼지 삼형제》나 《빨간 모자》를 주인공 아기 돼지나 빨간 모자의 입장이 아니라, 늑대 입장에서도 쓸 수 있어요. 《늑대가 들려주는 아기 돼지 삼형제 이야기》는 늑대 입장에서 들려주는 이야기입니다. 아이들에게 등장인물의 입장을 서로 바꾸어 이야기를 써 보게 하세요.

《늑대가 들려주는 아기 돼지 삼형제 이야기》, 존 셰스카 글, 레인 스미스 그림, 보림

《흥부와 놀부》에서 흥부는 착한 마음씨로 복을 받게 되고, 흥부를 내쫓았던 욕심쟁이 놀부는 욕심을 부리다 결국 벌을 받게 되죠. 이것은 전형적인 전래동화의 권선징악 구조입니다.

― "놀부는 흥부에게 왜 그렇게 모질게 했을까?"
― "혹시 흥부와 놀부에게 남모르는 사정이 있었던 건 아닐까?"
― "놀부가 그렇게 된 건 흥부의 음모가 아니었을까?"

이렇게 아이들의 호기심과 상상력을 불러일으키는 질문을 통해 아이들과 대화를 나누다 보면 여러 가지 아이디어들이 튀어나오게 됩니다. 아이들의 말에 살을 붙이고 상상력을 더 펼칠 수 있는 시간을 주면 다양한 놀부 이야기가 탄생합니다.

③ 뒷이야기를 바꾸어 쓰기

뒷이야기를 바꾸는 방법에는 여러 가지가 있습니다. 먼저 결말이 난 이야기의 뒷이야기를 상상하여 덧붙이는 방법이 있습니다. 《개구리 왕자》에서 마법에서 풀려난 개구리는 공주와 결혼하죠. 아이들에게 "하지만 결혼 후에도 그들은 행복했을까요?"라는 질문을 던져 보세요. "행복하게 살았습니다."라는 끝맺음에 한 번쯤 이

《개구리 왕자 그 뒷이야기》, 존 셰스카 글, 스티브 존슨 그림, 보림

《빨강 연필》, 신수현 글, 김성희 그림, 비룡소

런 질문을 던져 보는 건 아이들에게 상상의 문을 여는 열쇠가 됩니다.

　뒷이야기를 바꾸는 다른 방법은 결말을 나만의 이야기로 바꾸는 것입니다. 신수현의 《빨강 연필》을 보면, 마법의 빨강 연필이 《호랑이와 곶감》이라는 전래 동화의 뒷부분을 기발하게 바꾸는 이야기가 등장합니다.

　우는 아기가 호랑이보다 곶감을 더 무서워한다고 생각한 호랑이는 곶감이 무서운 존재인 줄 알고 도망치지만, 나중에 곶감의 정체를 알게 되죠. 그래서 다시 마을로 내려온 호랑이는 또다시 아기를 노리는데요. 곶감을 준다 해도 울음을 그치지 않던 아기가 책을 읽어 준다고 하니까 울음을 뚝 그치는 것이 아니겠습니까! 더구나 아기가 책을 보고 까르르 웃기까지 하자, 호랑이는 놀라 다시 숲을 향해 꽁지 빠지게 도망친다는 이야기입니다. 호랑이와 곶감 이야기를 예를 들어서 제시해 주면 아이들은 모래알 속에 보물 뒤지듯 이야기를 탐색하러 나서게 됩니다.

④ 앞 이야기를 만들어 보기

　영화 〈스타워즈〉를 본 사람은 알 텐데요. 〈스타워즈〉는 1977년 에피소드 4가 상영되었고 1983년까지 에피소드 6이 개봉되었다가, 1999년에 에피소드 1이 개봉되는 등 뒤죽박죽인 모양새입니다. 하지만 에피소드 1은 그 당시에 신선한 충격이었습니다. 미래의 이야기를 아는 상태에서 과거를 조망하고 분석하는 경험은 관객으로 하여금 영화에 더욱더 몰입하게 만들었고, 시리즈를 다 보고 싶은 욕구까지 불러일으켰죠. 이렇게 과거의 이야기를 상상해 볼 수 있는 이야기에는 무엇이 있을까요?

— "《알라딘과 요술 램프》에서 요술 램프에서 나오는 지니는 어떻게 하다가 요술 램프에 갇히게 되었을까?"
— "《백설 공주》에서 난쟁이들은 백설 공주를 만나기 전에 어떤 삶을 살고 있었을까?"

이렇게 이야기 속에 등장하는 주인공을 과거로 되돌려 책에 전개되는 이야기와 연결하는 활동은 이야기를 만드는 재미에 흠뻑 빠지게 합니다. 우리가 잘 아는 이야기도 좋지만, 자기가 좋아하는 책의 앞 이야기를 상상하여 만들어 보는 것도 추천합니다.

⑤ 과장하기

'과장하기'는 등장인물이나 이야기에 등장하는 소품의 크기나 힘을 크게 과장하거나 아주 작게 축소하여 이야기를 만드는 활동입니다. 대표적인 동화가 조나단 스위프트의 《걸리버 여행기》죠. 등장인물의 크기를 크거나 작게 변화시키면 상상의 세계를 더욱 흥미진진하게 펼칠 수 있습니다.

《토비 롤네스》에는 아주 커다란 나무에서 살아가는, 키가 1.5밀리미터인 소년 토비의 모험이 흥미롭게 펼쳐집니다. 작가는 주인공의 키를 1.5밀리미터로 설정해 놓음으로써 나무는 상대적으로 아주 커다란 모험의 세계로 재창조해 놓았습니다.

《토비 롤네스》, 티모테 드 퐁벨 글, 프랑수아 플라스 그림, 주니어김영사

《마법의 설탕 두 조각》, 미하엘 엔데 지음, 한길사

《마법의 설탕 두 조각》에서는 주인공이 마법의 설탕으로 부모님을 작게 만듭니다. 부모님의 잔소리에 대한 아이들의 심리적 갈등과 그것을 풀어 가는 과정이 부모님이 작아지면서 기막히게 펼쳐집니다. 아이들은 이런 책을 읽거나 비슷한 이야기를 상상하면서 심리적 갈등을 해소하고 위안을 얻습니다.

⑥ 그림, 사진을 보고 상상해서 이야기 만들기

상상력을 자극하는 그림이나 사진을 보여 주고 아이들에게 어떤 일이 일어날 것인지 이야기를 만들어 보게 하는 활동입니다. 으스스한 분위기의 사진이나 다음에 무슨 일이 일어날 것만 같은 순간을 포착한 사진 등을 인터넷에서 찾아 아이들에게 보여 주고 이야기를 만들어 보게 합니다. 모둠별로 돌아가며 협동하여 하나의 이야기를 짜도 되고 반 전체가 한 문장씩 이어 가게 해도 재미있습니다.

나비와 물총새는 어떤 이야기를 하고 있을까요?

숲으로 들어간 꼬마에게 어떤 일이 일어났을까요?

엄마를 잃어버린 아기 원숭이는 어떻게 될까요?

⑦ 특정한 물건을 제시하고 아이디어 만들어 내기

기능이 다했거나 고장 난 물건을 활용하는 아이디어를 찾게 하세요. 이렇게 아이디어를 내는 놀이는 이야기를 쓸 때 다양한 장면을 연출할 수 있게 해 줍니다.

고장 난 물건을 활용할 아이디어 떠올리기

— 바람이 빠진 타이어로 할 수 있는 놀이 10가지 만들기

— 날이 무뎌져서 잘리지 않는 칼로 할 수 있는 일 10가지

— 비가 새는 우산으로 할 수 있는 일 10가지

— 바람 빠진 축구공을 가지고 할 수 있는 다양한 놀이를 만들어 보기

예시 날이 무뎌져서 잘리지 않는 칼로 할 수 있는 일

— 칼싸움 놀이 하기

— 사람을 통에 넣어서 잘리지 않는 마술하기

— 아이들 연극 발표회 때 쓰기

— 도둑이 들면 진짜 칼이라고 하고 위협하기

— 호미처럼 흙을 파서 채소 심기

— 흙집을 지을 때 진흙을 칼등으로 벽에 바르기

— 물건을 고칠 때 두드리거나 찔러서 고치기

— 명태 말린 것 두드려서 찢을 때 부드럽게 하기

— 벌레 눌러서 죽이기

— 모기 물려서 간지러울 때 긁기

— 아빠가 구두 신을 때 사용하기

— 칼에 낚싯줄 매달아 낚시하기

— 책갈피로 쓰기

— 끈끈한 물질을 긁어서 떼어 낼 때 사용하기

— 빵에 잼 바를 때 쓰기

— 땅에 칼로 그림 그리기

— 아이스크림 파먹기

— 모래 놀이 할 때 삽처럼 쓰기

⑧ 다양한 시간적, 공간적 배경에서 아이디어 낚기

과거와 미래는 수많은 이야기의 배경이 되어 왔습니다. 이야기는 '옛날 옛적에~'로 시작하는 옛날이야기부터 아주 먼 미래의 이야기까지 우리의 상상 속에서 얼마든지 새롭게 탄생할 수 있죠. 작은 상상의 불씨가 자라 영화가 되거나 연극이 되거나 웹툰이 되거나 드라마가 됩니다. 아이들의 말랑말랑한 뇌는 끊임없이 자극이 필요합니다. 상상력에 불을 지피는 다양한 상황을 만들어 주세요.

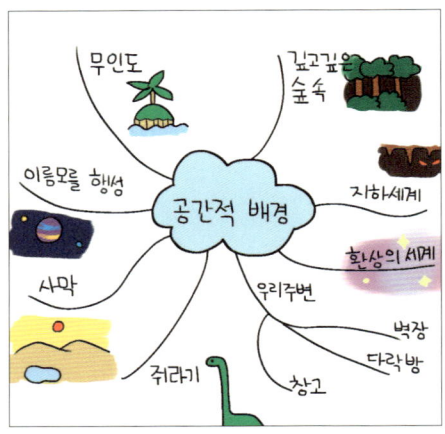

공룡을 좋아하는 아이들은 공룡 이야기를 만들어 보게 하세요. 역사에 관심을 가지기 시작하는 고학년 학생에게는 역사적 사건으로 이야기를 만들어 보게 하고요. 역사적 인물을 곁에서 지켜본 입장에서 이야기를 만들어도 멋진 이야기가 됩니다. 우리 가족의 미래 이야기도 좋겠죠. 인류의 미래에 관심을 두면 환경 문제나 우주 산업 등에서도 아이디어를 찾을 수 있습니다.

이야기를 탄탄하게 구성하려면 그 분야에 대한 정확한 정보를 찾는 노력이 필요하며, 이것이 바로 책을 쓰기 전 '취재 활동'입니다. 이야기를 만들기 위해 정보를 찾고 그 정보를 바탕으로 상상의 세계를 넓힌 다음, 자기 이야기를 타인과 나누면 그림책 쓰기에 큰 도움이 됩니다. 그래서 그림책 쓰기는 미래 역량을 키우는 데 효과적인 활동입니다.

⑨ 다양한 문장 변형 놀이로 아이디어 만들기

아주 짧은 문장으로 수많은 아이디어의 첫걸음을 뗄 수 있습니다.

"철수가 학교에 갔다."

'철수' 대신에 다른 대상으로 주어를 바꾸어 보세요. 단, 사람 이름이면 바꾸는 의미가 없으므로 동물들로 바꾸어 보게 하세요. '다람쥐가, 사자가, 장수풍뎅이가, 개미가, 호랑이가, 악어가, 독수리가, 할머니가' 등등 무엇이든 괜찮아요. 그런 다음에는 '학교에'를 다른 장소로 바꾸어 보게 합니다.

다람쥐가			다람쥐가	병원에		
사자가			사자가	숲속에		
장수풍뎅이가			장수풍뎅이가	사막에		
개미가	학교에 갔다.	➡	개미가	아프리카에	갔다.	➡ 동사 바꾸기
호랑이가			호랑이가	수영장에		
악어가			악어가	도서관에		
독수리가			독수리가	축구장에		
할머니가			할머니가	군대에		
개구리가			개구리가	실내 낚시터에		
오리가			오리가	레스토랑에		

문장 변형 놀이

동사는 아이들과 이야기를 나누면서 칠판에 제시합니다. '잤다, 날아올랐다, 뛰었다, 미끄러졌다, 기어갔다' 같은 동사만 제시해도 아이들은 목적어를 동반한 동사를 만들기 시작합니다.

그중에서 가장 마음에 드는 문장을 고르게 한 후, 육하원칙으로 마인드맵을 작성해서 이야기를 구상하게 합니다.

위와 비슷한 방법으로, 샐리 오저스는 《이야기 쓰는 법》에서 '하나로 아홉 가지 아이디어 만들기'를 제안하고 있습니다. 간단한 아이디어(초기 아이디어)를 가지고 다양한 아이디어(파생 아이디어)를 만들어 내는 방법인데요. 예를 들어 '개를 걷게 하기'라는 초기 아이디어 하나가 있습니다.

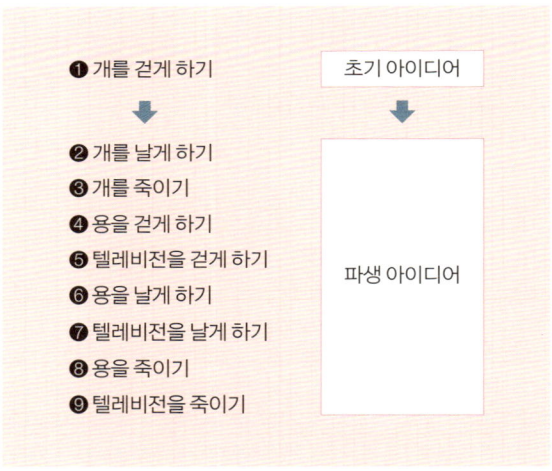

초기 아이디어로 이렇게 다양한 아이디어를 낼 수 있습니다. 그런 다음 '왜'와 '어떻게'를 사용하여 이야기를 펼치게 하면 됩니다. 처음에는 교사가 초기 아이디어를 제시하고, 아이들이 익숙해지면 아이들 스스로 초기 아이디어와 파생 아이디어까지 낼 수 있게 지도합니다.

어떤 내용을 쓸까?
주제 정하기

아이들은 의외로 이야기를 잘 만들어 냅니다. 어떤 아이는 동기 유발이 잘 되어 한 시간도 되지 않아 한 편의 이야기를 신나게 완성하기도 하죠. 그래서 조금만 공을 들이면 이야기 한 편은 누구나 쓰는 것을 볼 수 있습니다. 그런데 중요한 건 속도가 아니죠. 이야기를 통해 전하고자 하는 주제를 잘 드러내는 책이 되어야 합니다. 그래서 "너는 이 그림책을 통해 어떤 생각이나 가치를 전하고 싶니?"라는 질문은 이야기를 쓰기 전에 꼭 필요합니다.

아이의 삶 자체가 물질만능주의나 폭력에 물들어 있지만 않다면, 자기 삶에서 주제를 찾으면 됩니다. 동심을 잃지 않은 아이들은 가족, 우정, 동물에 대한 사랑, 미래에 대한 꿈, 상상의 세계 등으로 자연스럽게 이야기를 펼칩니다.

요즘 아이 중에는 아이답지 않은 아이들을 많이 볼 수 있습니다. 어떤 일을 하는가보다 그 일로 돈을 얼마나 벌 수 있느냐가 중요하고 어떻게 하면 유명해질 수 있느냐에 관심이 많은 아이가 있습니다. 예전에는 초등학생들에게 인기 있는 직업이

경찰관이나 과학자였는데, 요즘은 돈을 많이 벌고 대중의 관심을 많이 받는 유튜브 크리에이터나 아이돌로 바뀌어 가고 있습니다. 평소 폭력적인 게임이나 자극적인 유튜브 영상에 많이 노출된 아이들은 가치 있는 주제에 대한 지도가 충분하지 않으면 억만장자가 되는 이야기나 폭력적인 이야기를 그대로 글에 담아내는 것을 볼 수 있어요. 그것이 그 아이들의 삶이기 때문이죠. 아이들의 책 쓰기 과정을 통해 교사들은 아이들의 삶을 들여다볼 수 있으며 스트레스와 불안, 우울, 아픔까지도 공유할 기회를 만날 수 있습니다.

이야기 주제를 정할 때는 어떤 주제가 좋다고 한정하기보다는 어떤 주제라도 괜찮다고 허용하면서 시작하는 것이 좋습니다. 다만 '폭력적인 것', '물질만능주의', '등장인물의 죽음' 등 이야기 주제로 적당하지 않은 세 가지 정도는 제시하고 시작하는 것이 좋습니다.

01 이야기의 주제로 적당하지 않은 것 세 가지!

① 폭력적인 것!

폭력은 신체적 폭력과 언어적 폭력 등을 다 아우릅니다. 이야기 속에 재미를 더하려고 등장인물들끼리 상대방을 무시하거나 비웃고, 욕이나 조롱하는 말을 쓰면 안 된다는 것을 확실하게 지도해야 합니다. 학교 폭력을 저지르다가 용서를 구하고 화해하는 주제는 괜찮습니다. 우정의 소중함을 주제로 삼고 있으니 가치 있는 주제라고 할 수 있겠죠. 이런 주제는 아이들이 학교 폭력을 예방하자는 캠페인을 통해 자주 접해 왔기 때문에 쉽고 편하게 쓸 수 있는 주제입니다.

특히, 고학년 아이들이 그림책 쓰기를 할 때 '학교 폭력 예방'이라는 주제는 인기가 있습니다. 남학생 한 명이 이것을 주제로 하겠다고 하면 다른 아이들도 덩달아

하겠다고 하면서 다른 주제에 대해서는 생각해 보지도 않습니다. 어떤 활동을 하든 후다닥 대충 하는 아이, 모둠 활동을 할 때 무임승차하는 아이들도 고민할 필요 없는 이런 주제를 선호합니다.

처음부터 학교 폭력 예방에 관한 주제를 허용하면 주제 폭이 너무 협소해지므로, 캠페인 주제로는 맞아도 책 쓰기 주제로는 적당하지 않다고 선을 그을 필요가 있습니다. 쉽고 빠르게 대충 책 쓰기를 하고자 하는 아이들에게는 주제를 잡을 때 개별적인 지도가 필요합니다. 단, 이야기를 만드는 것보다 타인을 설득하는 것을 좋아하는 경향이 있는 아이나 어떤 이야기를 써야 할지 주제를 잡지 못하는 아이들에게는 허용하는 것이 좋습니다.

② 물질만능주의를 내포한 이야기

어느 날 갑자기 황금이나 돈이 생겨 벤츠나 람보르기니를 사거나 요트를 타고 호화로운 여행을 하는 이야기를 쓰는 아이들도 있습니다. 외제 차나 명품 등 값비싼 물건을 좇으며 허영심에 사로잡힌 아이들은 다른 아이들에게도 이런 영향을 미치기 쉽습니다. 아이가 그림책을 쓸 때 허영심을 드러낸다면 정서가 불안정하거나 애정에 목말라 있다는 뜻입니다. 가정적으로 어떤 어려움이 있는지, 아이의 욕구가 무엇인지 함께 대화를 나눈 후 그것을 그림책으로 표현하도록 안내해 주세요. 그림책을 쓰면서 간접적으로나마 욕구를 충족시킬 수 있는 계기가 되어 마음의 힘을 키울 수 있습니다.

③ 등장인물이 죽는 이야기

아이들과 그림책을 쓰기 전에 "너희들이 쓴 그림책의 독자는 주로 초등학생이나 그보다 더 어린 동생들이야!" 하고 독자가 누구인지를 강조할 필요가 있습니다. 책을 쓰는 초등학생의 동심도 중요하지만, 독자의 동심도 고려해야 합니다. 그래서 심리적으로 충격을 줄 수 있는 잔인한 내용이나 죽음 등에 관한 이야기는 지양할 필요가 있음을 말해야 합니다.

책을 쓰기 전에 '내 책을 누가 읽을 것인지, 즉 독자가 누구일까'에 대해 생각해 보는 시간을 가지게 하세요. 독자가 누구인지에 대해 이야기를 나누고 나면 아이들은 그림책의 주제로 적당하지 않은 것을 자연스럽게 피하게 될 것입니다.

02 그림책을 쓸 수 있도록 징검다리가 되어 주는 이야기 주제 잡기

① 아이들의 일상은 이야기로 가득 차 있다!

요즘 아이들은 학교가 끝나자마자 학원에 가고 집에 돌아오면 하루가 다 갑니다. 그래서 어제가 오늘 같고 오늘이 어제 같은 평범한 하루가 반복되지만, 아이들의 일상을 잘 들여다보면 다양한 이야기로 가득 차 있어요. 친구랑 싸우고 화해한 일, 수업 시간에 칭찬을 들은 일, 체육 시간에 피구를 했는데 안타깝게 진 일, 학교 급식에서 제일 좋아하는 음식이 나온 일 등이 하루를 채우고 있죠.

일상에서 이야기의 소재를 찾으려면 그 이야기에 위기나 갈등 요소가 내포되어 있는 것이 좋습니다. 일기의 형태에서 벗어나 한 권의 이야기로 탄생시키려면 위기나 갈등을 해결하는 과정이 담겨야 하거든요. 위기나 갈등을 해결해 가는 과정에서 독자들은 공감을 얻고, 그것을 공유하며 위안을 얻을 수 있습니다.

일상에서 소재를 가져온 현실적인 그림책은 고학년이 쓰기에 알맞지만, 1학년과 2학년은 그림일기를 쓰기 때문에 그림일기를 모아서 그림책을 만들어 보는 것도 좋은 방법입니다.

그러면 아이들의 일상에서 소재를 찾고 주제를 잡는 과정을 살펴볼까요.

일상에서 소재와 주제 찾기

소재	이야기 전개 과정(예시)	주제
친구	친구와 놀았던 일, 숙제를 했던 일 등 행복했던 일 ⇨ 오해가 생겨 친구와 싸움 ⇨ 힘든 시간들 ⇨ 오해가 풀리는 계기 ⇨ 다시 확인하는 우정	우정의 힘
외모	키가 작아서 놀림받거나 뚱뚱해서 가진 열등감으로 생긴 일들 ⇨ 자신의 장점들을 발견하기 시작 ⇨ 다른 사람들 앞에 자신감 있게 능력을 발휘한 사건 ⇨ 자신의 가치를 발견함	자아존중감
경쟁	실력을 다투는 상황(달리기, 축구, 그림 등) ⇨ 다쳤거나 경쟁을 할 수 없게 되어 위기 발생 위기를 함께 헤쳐 나감 ⇨ 선의의 경쟁으로 서로 축하하고 위로함	선의의 경쟁과 성장
꿈	나의 꿈 소개 ⇨ 부모님과의 갈등이나 현실적 어려움 ⇨ 꿈을 이루기 위한 구체적인 계획 ⇨ 꿈을 이룬 미래의 모습 상상하기	꿈은 이루어진다
관계	갈등이 있는 가족관계나 결핍을 느끼는 가족관계 묘사하기 ⇨ 부모 또는 형제와의 갈등 ⇨ 갈등 상황 제시하기 ⇨ 갈등 해결하기	가족간의 사랑

이야기를 전개해 나갈 때에는 이야기를 더 풍성하고 깊게 만들기 위해 각색하는 과정이 필요합니다. 이야기는 구체적일수록, 갈등의 골이 깊을수록, 앞뒤 연결이 자연스러울수록 풍성해집니다. 아이들이 처음 쓴 이야기는 엉성하기 마련인데, 아이에게 개별적인 질문을 통해 더 구체적인 이야기를 보충할 수 있습니다.

단, 성급하게 교사의 아이디어를 미리 제시하기보다는 아이의 관점에서 기다려 주고 인정해 주는 인내심과 수용력이 필요하죠. 그리고 육하원칙에 의한 질문을 아이에게 던지면서 떠오르는 생각들을 메모하게 하세요. 그 메모들을 연결해 나가면 한 편의 이야기가 만들어집니다.

② 평범한 일상에 상상력을 첨가하여 일상 비틀기!

학교에 가다가 사자를 만나는 일처럼 우리의 일상에 새로운 사건을 만들어 보세요! 아이들의 일상에 조금만 상상력을 동원해도 멋진 이야기가 만들어집니다. 아이들의 일상에 상상력을 가동하면 무궁무진하게 이야기가 펼쳐지는 상상의 바다가 됩니다.

— "공부하다가 지루해서 공책에 동그라미를 그렸는데 동그라미가 사차원으로 통하는 구멍이라면?"
— "학원에 가다 100원짜리 동전을 주웠는데 그게 마법의 동전이었다면?"
— "집에서 키우던 반려 동물과 내가 바뀌어 버렸다면?"

생활용품에서도 아이디어를 가져올 수 있습니다. 아이들이 사용하는 지우개나 학용품, 우산, 실내화 등이 아이에게 그동안 감춰왔던 비밀을 털어놓거나 12시만 되면 변신을 합니다. 신발장에 신발들은 어떤 이야기들을 나누고 있을까요? 이런 상상 속에는 아이의 욕구가 숨어 있죠. 아이는 이런 이야기를 통해 평소에 억눌렸던 것을 발산시켜 카타르시스를 경험할 수 있습니다. 자라면서 도덕적 규범에 따라 금기시되었던 것을 상상력이라는 정당한 방식을 통해 분출하고, 그것을 또래들과 나누는 경험은 아이들을 행복하게 합니다.

③ 일상의 문제를 고발하는 이야기

'아스퍼거 증후군이 있는, 기후 및 환경 운동가'로 자신을 소개하는 그레타 툰베리는 2019년 미국 시사 주간지 〈타임〉지의 올해의 인물로 선정되었습니다. 그동안 〈타임〉지는 표지에다가 세계적으로 큰 영향력을 미친 윈스턴 처칠, 프란치스코 교황 같은 유명 인사들을 실었기에, 그레타 툰베리를 올해의 인물로 꼽았다는 건 획기적인 일이었죠.

그레타 툰베리는 8살 때 학교에서 환경오염과 기후 변화가 지구에 미치는 영향을 배운 것이 계기가 되어 환경 운동을 하게 되었습니다. 15살에는 매주 금요일마다 등교를 거부하고 스웨덴 국회의사당 앞에 가서 1인 시위를 벌였는데, '기후를 위한 학교 파업'이라는 팻말을 들고 사람들에게 기후 변화의 심각성을 알렸죠. 이 일은 '미래를 위한 금요일'이라는 캠페인으로 알려져 전 세계로 퍼져 나갔으며 많은 학생과 시민들이 동참하기에 이르렀습니다.

아이들은 학교에서 많은 것을 배웁니다. 진정한 배움의 가치는 아는 것에서 그치는 것이 아니라, 삶에 적용하고 실천하는 데 있죠. 그레타 툰베리처럼 배우고 익힌 것을 삶에서 실천할 수 있게 아이들의 의식을 높이는 일을 그림책 쓰기로 할 수 있습니다. 아이들의 일상에서 사회 문제를 고발하고 개선하는 그림책 쓰기 활동을 해 보세요.

사회 문제를 고발하는 책을 쓸 때는 진실성이 있어야 하며, 독자에게 공감을 얻을 수 있어야 합니다. 그러려면 주제 의식이 뚜렷하게 나타나게 구체적인 글귀와 정성 어린 그림이 중요한데요. 주제를 쪼개어 하나하나 나타내도 되고 한 가지 주제에 대해 이야기를 구상하여 나타내도 좋습니다.

아이들이 쓰기에 좋은 고발 이야기 주제로는 무엇이 있을까요? 간단히 몇 가지 살펴보면 다음과 같은 것이 있습니다.

- 환경 문제: 탄소 배출 주범 알아보기, 기후 변화의 원인과 영향·해양 오염 원인과 실태 알아보기, 생활 쓰레기 줄이기, 미세먼지 줄이기, 재활용 아이디어 찾아보기 등
- 교통 문제: 대중교통 이용 캠페인, 자전거 이용 캠페인, 어린이보호구역 지키기 등
- 아이들의 휴대폰 사용 실태: 폭력적이고 선정적인 유튜브 고발, 바람직한 휴대폰 사용법, 휴대폰 중독으로 인한 문제점 등
- 외국어 남용 실태: 간판이나 옷 상표 등
- 인권 피해 사례: 여성, 아동, 장애인, 다문화 등
- 동물 학대: 반려동물을 키우는 바람직한 태도

스토리 순서를 정하자
이야기 구조 만들기

한 권의 책은 한 채의 집짓기에 비유할 수 있어요. 집이 완성되려면 단단한 기초 위에 기둥과 벽이라는 구조가 잘 세워져야 지붕을 얹을 수 있고, 그 안에 내용물이 들어갈 수 있죠. 이처럼 그림책도 글쓰기와 그리기라는 기초 위에 단계 또는 과정과 흐름이라는 구조물이 필요하며, 그 구조물 안에 구체적인 이야기가 담기게 됩니다. 우리 아이들이 사용하는 이야기 구조는 크게 세 가지로 나눌 수 있어요.

01 나열식 구조

나열식 구조는 저학년 그림책이나 고발 이야기책으로 적당합니다. 예를 들어 자

신이 좋아하는 반려동물을 소개하는 그림책을 쓰려고 할 때 '반려동물의 특징 − 반려동물이 좋아하는 음식 − 좋아하는 장난감 − 반려동물 목욕시키기 − 반려동물 산책법'과 같이 내용을 배열하는 방식입니다. 저학년이 그림일기를 소재로 쓴 책이나 시 모음집, 시화집이 이와 같은 나열식 구조입니다.

02 산 구조

산 구조의 이야기는 '발단 − 전개 − 위기 − 절정 − 결말'이라는 다섯 단계를 거칩니다. 초등학생은 절정 단계를 생략해도 무방합니다. 이것을 산 모양으로 그려 보면 아래와 같습니다.

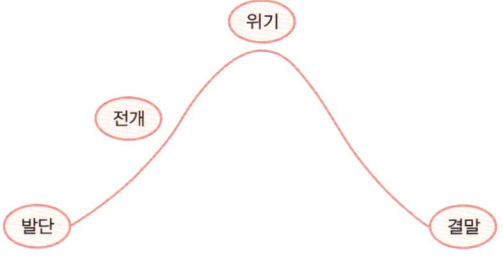

아이들에게 산 모양 그림을 보여 주며 이야기의 전개 과정을 설명하면, 쉽게 이해합니다. 산의 모양에 따라 이야기는 여러 가지 형태를 띠는데, 예를 들면 아래 그림과 같아요.

이야기 구조를 아이들과 공부한 후, 자기 이야기가 어떤 구조를 띠고 있는지, 그래서 보완할 점은 무엇인지를 살펴보면 더욱 탄탄한 이야기를 쓸 수 있어요. 이 세 가지 모양 이 외에도 위기가 여러 개 이어지며 해결해 가는 형태도 있고 산 꼭대기가 평평해져서 모자 모양을 띠는 형태도 있습니다.

여러 개의 위기 뒤 해결 구조 모자 구조

탄탄한 이야기 구조로 된 이야기책을 함께 분석하면 자연스럽게 구조를 익힐 수 있습니다. 미하엘 엔데의 《마법의 설탕 두 조각》을 추천합니다.

03 계단식 구조

계단식 구조는 위기가 여러 개 존재하며, 이야기가 전개될수록 위기가 강해지는 구조입니다. 위기를 해결하고 나면 또 다른 위기에 봉착하고, 또 해결하고 나면 더 강한 위기에 부딪치지만, 주인공이 해결해 나갑니다. 마지막에는 해피엔딩으로 끝나며 독자는 카타르시스를 느끼게 되지요.

아이들은 책 쓰기를 할 때 주인공이 위기를 겪은 후 뒷이야기를 마무리하기 어려워하는데, 계단식 구조는 아이들에게 그런 부담을 덜어 줍니다. 계단식 구조는 동화의 주된 주제인 권선징악을 잘 나타낼 수 있는 구조입니다.

교실 팁 ❶ '한 학기 한 권 그림책 쓰기' 학년별 지도 내용

그림책 쓰기는 글쓰기, 그리기, 인성교육 등 다양한 요소를 내포하는 통합적인 교육 활동입니다. 그래서 그림책 쓰기를 학년별 교육과정 및 학급 운영에 적용하면 여러 가지 교육적 효과를 볼 수 있는데요. 학년의 특성에 맞는 주제, 학급의 분위기에 맞는 주제, 개인적인 욕구를 만족할 수 있는 주제 등 주제와 방법은 무궁무진합니다. 담임의 학급 운영 철학이나 역량에 따라 그림책 쓰기 '전 활동'을 강조하여 글쓰기나 그리기 등 기본적인 능력을 향상하는 데 역점을 둘 수도 있고요. 그림책 쓰는 과정에서 개별적으로 아이와 만나서 그 아이의 삶을 그림책과 연결하는 작업을 우선시 할 수도 있어요. 그림책을 쓰고 나서 하는 '후 과정'을 더 중요시하는 교사는 독후 활동을 통해 아이의 잠재력, 꿈에 대한 비전을 세우는 데 중점을 둘 수도 있을 것입니다.

이처럼 그림책 쓰기를 하고자 한다면 그림책 쓰기를 하는 목적이 무엇인지, 그리고 우리 반 학급 운영에 가장 필요한 형태와 주제의 그림책은 무엇인지를 고민하는 것이 필요합니다. 학년별 특성과 교육과정에 맞는 주제를 탐색해 봄으로써 아이들과 그림책 쓰기를 통해 의미 있고 행복한 학급 운영을 하고자 하는 선생님에게 도움이 되었으면 합니다.

2015 개정 교육과정의 성취 기준에 맞게 초등 그림책 쓰기 재구성 활동을 정리해 보았습니다.

• 1, 2학년군

학년	학기	교과	단원	성취 기준	주요 학습 내용	재구성 활동
1	1	국어	9. 그림일기를 써요	쓰기[2국03-04] 인상 깊었던 일이나 겪은 일에 관한 생각이나 느낌을 쓴다. 듣기·말하기[2국01-05] 말하는 이와 말의 내용에 집중하며 듣는다.	• 그림일기 읽기 • 그림일기를 쓰는 방법 알기 • 겪은 일을 그림일기로 쓰기	• 일상생활, 겪은 일이 드러나는 그림책 읽어 주기 • 일상생활, 겪은 일이 드러나는 그림책 스스로 읽기 • 자신이 겪은 일을 이야기로 써 보기 • 그림일기 형식의 그림책 쓰기 • 기억에 남는 경험, 오늘 하루 중 내가 겪은 특별한 일, 여행 주제 등 쓰기

학년	학기	교과	단원	성취 기준	주요 학습 내용	재구성 활동
1	2	국어	9. 겪은 일을 글로 써요	쓰기[2국03-04] 인상 깊었던 일이나 겪은 일에 관한 생각이나 느낌을 쓴다. 문학[2국05-04] 자신의 생각이나 겪은 일을 시나 노래, 이야기 등으로 표현한다.	• 겪은 일이 잘 드러나게 말하는 방법 알기 • 겪은 일을 떠올려 말하기 • 생각이나 느낌을 나타내는 표현 알기 • 겪은 일에 대한 생각, 느낌 말하기 • 겪은 일 정리하기 • 겪은 일이 잘 드러나게 글로 쓰기 • 기억에 남는 일을 일기로 쓰기	
2	1	국어	7. 친구들에게 알려요	쓰기[2국03-03] 주변의 사람이나 사물에 대해 짧은 글을 쓴다. 읽기[2국02-03] 글을 읽고 주요 내용을 확인한다. 문법[2국04-02] 소리와 표기가 다를 수 있음을 알고 낱말을 바르게 읽고 쓴다.	• 물건을 설명하는 상황 확인하기 • 물건을 잘 설명해야 하는 까닭 알기 • 글을 읽고 설명하는 대상과 특징 찾기 • 글을 읽고 주요 내용을 확인하는 방법 알기 • 설명하고 싶은 물건의 특징 파악하기 • 물건을 설명하는 글쓰기	• 대상의 특징을 살려 의인화한 작품이나 가족 이야기 동화책 읽기 • 대상의 특징을 파악하며 설명하는 글쓰기 • 어떤 대상을 정하여 그 대상의 특징 찾기 • 대상의 특징을 활용하여 이야기 만들어 보기
		여름	1. 이런 집 저런 집	[바03-02] 가족의 형태와 문화가 다양함을 알고 존중한다. [슬03-03] 주변에서 볼 수 있는 여러 형태의 가족을 살펴본다. [슬03-04] 가족의 형태에 따른 구성원의 다양한 역할을 알아본다. [즐03-04] 가족 구성원이 하는 역할에 대한 놀이를 한다.	• 우리 가족 소개하기(조사 발표) • 우리 가족(구성원) 특징 살려 만들기 • 우리 가족 구성원의 다양한 역할(집안일) 조사하기 • 우리 집 문화(의식주, 언어 등) 살펴보기 • 친구와 우리 집 문화 비교하기 • 다양한 가족의 문화 존중하기 • 우리 주변의 다양한 형태의 가족 알아보기 • 주변의 다양한 가족 존중하고 배려하기	• 관찰한 대상을 주제로 한 그림책 쓰기 • 스스로 대상을 찾는 것이 어려운 아이들에게는 자신의 가족 소개하는 글쓰기 • 우리 가족 중 한 사람을 정해서 그 가족 구성원의 특징이 잘 드러나게 소개하는 글쓰기 • 우리 가족의 특징을 활용하여 이야기 글 구상하기 • 가족을 주제로 한 그림책 쓰기
2	2	국어	5. 간직하고 싶은 노래	[문학(4)] 자신의 생각이나 겪은 일을 시나 노래, 이야기 등으로 표현한다. [문법(4)] 글자, 낱말, 문장을 관심 있게 살펴보고 흥미를 가진다.	• 겪은 일을 시로 쓰는 방법 알기 • 겪은 일을 노래로 나타내는 방법 알기 • 시의 일부분 바꾸어 쓰기 • 노래의 일부분 바꾸어 부르기 • 겪은 일 중 기억에 남는 일 떠올리기 • 떠올린 기억을 관점에 따라 정리하기 • 정리한 내용을 시나 노래로 표현하기 • 시나 노래로 표현한 작품 발표하기	• 아동 작품 동시 찾아 읽기 • 시 일부분 바꾸어 쓰기 • 시와 잘 어울리는 배경 그림 구상하기 • 바꾼 시로 시화 형식의 그림책 쓰기

- 3, 4학년군

학년	학기	교과	단원	성취 기준	주요 학습 내용	재구성 활동
3	1	과학	3. 동물의 한살이	[4과10-01] 동물의 암·수에 따른 특징을 동물별로 비교해 보고, 번식 과정에서 암·수의 역할이 다양함을 설명할 수 있다. [4과10-02] 동물의 한살이 관찰 계획을 세우고, 실제로 동물을 기르면서 한살이를 관찰하며, 관찰한 내용을 글과 그림으로 표현할 수 있다. [4과10-03] 여러 동물의 한살이 과정을 조사해 동물에 따라 한살이 유형이 다름을 설명할 수 있다.	• 배추흰나비 알과 애벌레, 번데기, 어른 벌레의 생김새 관찰하기 • 여러 가지 곤충의 한살이 알아보기 • 알을 낳는 동물의 한살이 알아보기 • 새끼를 낳는 동물의 한살이 알아보기 • 여러 가지 동물의 한살이를 만화로 표현하기	• 동물을 의인화한 동화책 읽기 • 이야기로 표현하고 싶은 동물의 한살이 고르기 • 동물의 한살이에 대한 지식을 활용하거나 직접 관찰한 내용을 바탕으로 이야기 구상하기 • 동물의 한살이 주제로 그림책 쓰기 • 동물의 한살이 주제로 그림책 쓰기
	2	사회	2. 시대마다 다른 삶의 모습	[4사02-03] 옛사람들의 생활 도구나 주거 형태를 알아보고, 오늘날의 생활 모습과 비교하여 그 변화상을 탐색한다.	• 자연에서 얻은 도구를 사용하던 옛날의 생활 모습 알아보기 • 새로운 도구를 만들어 사용하던 옛날의 생활 모습 알아보기 • 농사 도구의 변화로 달라진 사람들의 생활 모습 알아보기 • 음식과 옷을 만드는 도구의 변화로 달라진 사람들의 생활 모습 알아보기 • 사람들이 사는 집의 모습 변화 알아보기 • 집의 변화로 달라진 사람들의 생활 모습 알아보기	• 사회 수업에서 배운 지식을 활용하여 옛사람들의 생활 모습 상상하여 이야기 구상하기 • 시대에 따른 사람들의 삶의 모습을 주제로 그림책 쓰기
3	2	사회	2. 시대마다 다른 삶의 모습	[4사02-04] 옛날의 세시 풍속을 알아보고, 오늘날의 변화상을 탐색하여 공통점과 차이점을 분석한다.	• 세시 풍속 알아보기 • 옛날의 세시 풍속 알아보기 • 옛날과 오늘날의 세시 풍속 변화 알아보기 • 옛날부터 전해 내려오는 세시 풍속 체험하기	• 과거 삶의 모습에만 국한되지 않게 과거-현재-미래의 생활 모습을 반영한 그림책 읽기 • '타임머신', '내가 만약 ○○시대 사람이었다면', '○○시대 사람의 일상' 등 다양한 주제로 쓰기

학년	학기	교과	단원	성취 기준	주요 학습 내용	재구성 활동
4	1	국어	5. 내가 만든 이야기	문학[4국05-03] 이야기의 흐름을 파악하여 이어질 내용을 상상하고 표현한다. 쓰기[4국03-05] 쓰기에 자신감을 갖고 자신의 글을 적극적으로 나누는 태도를 지닌다. 문학[4국05-05] 이야기에 감동하며 작품을 즐겨 감상하는 태도를 지닌다.	• 이야기의 처음, 가운데, 끝 이해하기 • 이야기의 흐름을 생각하며 읽기 • 이야기의 흐름에 맞게 이어질 내용을 상상해 쓰기 • 그림 보며 이야기 흐름 떠올리기 • 자신이 상상한 이야기를 친구들에게 들려주기	• 상상의 세계가 잘 드러나는 그림책 읽기 • 책에서 나오는 상상의 소재 활용해 이야기를 만들거나 스스로 상상의 소재 창조하기 • 이야기 흐름을 생각하며 상상의 세계 이야기 구상하기 • 상상의 세계를 주제로 그림책 쓰기
4	2	사회	3. 사회 변화와 문화의 다양성	[4사04-05] 사회 변화(저출산·고령화, 정보화, 세계화 등)로 나타난 일상생활의 모습을 조사하고, 그 특징을 분석한다.	• 사회 변화로 달라진 사람들의 생활 모습 알아보기 • 저출산·고령화가 우리 생활에 미친 영향 알아보기 • 일상생활에서 정보를 이용하는 사례 찾아보기 • 정보화 사회의 문제점과 해결 방안 알아보기 • 세계화가 우리 생활에 미친 영향 알아보기	• 사회현상을 반영한 그림책 읽기 • 자신의 주변에서 일어나는 사회현상에 관심을 가지며 조사하기 • 책으로 쓰고 싶은 사회현상 고르기 • 자신이 고른 사회현상에 대한 정보 모으기
4	2	사회	3. 사회 변화와 문화의 다양성	[4사04-06] 우리 사회에 다양한 문화가 확산하면서 생기는 문제(편견, 차별 등) 및 해결 방안을 탐구하고, 다른 문화를 존중하는 태도를 기른다.	• 일상생활에서 나타나는 다양한 문화의 모습 알아보기 • 일상생활에서 나타나는 편견과 차별 살펴보기 • 편견과 차별을 해결할 방법 토의하기 • 편견과 차별이 없는 사회를 만들기 위한 노력 알아보기	• 사회현상으로 어떤 이야기를 만들어 갈지 구상하기 • 사회현상을 주제로 한 그림책 쓰기 • 차별, 편견, 질병, 외교관계 등 사회적 문제를 주제로 그림책 쓰기

- 5, 6학년군

학년	학기	교과	단원	성취 기준	주요 학습 내용	재구성 활동
5	1	사회	2. 인권 존중과 정의로운 사회	[6사02-01] 인권의 중요성을 인식하고 인권 신장을 위해 노력했던 옛사람들의 활동을 탐구한다. [6사02-02] 생활 속에서 인권 보장이 필요한 사례를 탐구하여 인권의 중요성을 인식하고, 인권 보호를 실천하는 태도를 기른다.	• 인권이란 무엇인지 알아보기 • 인권 신장을 위해 노력했던 옛사람들의 활동 살펴보기 • 인권 신장을 위한 옛날의 여러 제도 알아보기 • 인권이 침해된 사례 찾아보기 • 인권 보장을 위한 노력 알아보기 • 인권 보호를 생활에서 실천하기	• 사회적 현상, 문제를 함축적으로 반영한 그림책 읽기 • 인권 관련 사회적 문제나 다루고 싶은 내용, 이야깃거리 찾아보기 • 사회현상, 문제, 자신의 소망을 반영한 이야기 구상하기 • 사회현상, 문제, 자신의 소망을 반영한 그림책 쓰기

학년	학기	교과	단원	성취 기준	주요 학습 내용	재구성 활동
6	2	국어	4. 겪은 일을 써요	[6국03-02] 목적이나 주제에 따라 알맞은 내용과 매체를 선정하여 글을 쓴다. [6국04-05] 국어의 문장 성분을 이해하고 호응 관계가 올바른 문장을 구성한다. [6국03-06] 독자를 존중하고 배려하며 글을 쓰는 태도를 지닌다.	• 호응 관계를 생각하며 겪은 일이 드러난 글을 읽기 • 문장 성분의 호응 관계 배우기 • 겪은 일이 드러나게 글쓰기 • 매체를 활용해 겪은 일이 드러나는 글쓰기 • 우리 반 글 모음집 만들기	• 일상, 꿈, 경험이 잘 드러나는 그림책 읽기 • 자신의 일상, 꿈, 경험을 반영한 이야기 구상하기 • 자신의 일상, 꿈, 경험을 반영한 그림책 쓰기
6	1	국어	1. 시인이 되어서	[6국05-03] 비유 표현의 특성과 효과를 살려 생각과 느낌을 다양하게 표현한다. [6국05-01] 문학은 가치 있는 내용을 언어로 표현하여 아름다움을 느끼게 하는 활동임을 이해하고 문학 활동을 한다.	• 비유하는 표현 살펴보기 • 비유하는 표현을 생각하며 시 읽기 • 비유하는 표현을 살려 시 쓰기 • 시 낭송회와 시화전 열기	• 시적인 표현의 동화책 읽기 • 그림책의 주제를 정한 뒤 비유적 표현으로 이야기 나타내기 • 비유적 표현의 시적인 그림책 쓰기
6	2	사회	2. 통일 한국의 미래와 지구촌의 평화	[6사08-03] 지구촌의 평화와 발전을 위협하는 다양한 갈등 사례를 조사하고 그 해결 방안을 탐색한다. [6사08-04] 지구촌의 평화와 발전을 위해 노력하는 다양한 행위 주체(개인, 국가, 국제기구, 비정부 기구 등)의 활동 사례를 조사한다.	• 지구촌 갈등의 원인과 문제점 알아보기 • 지구촌 갈등을 평화롭게 해결하는 방법 토의하기 • 지구촌 갈등 해결을 위한 국제기구와 국가들의 노력 조사하기 • 지구촌 갈등 해결을 위한 개인과 비정부 기구의 노력 조사하기 • 지구촌 평화와 발전을 위한 비정부 기구를 만들어 실천하기	• 사회현상, 문제를 함축적으로 반영한 그림책 읽어 보기 • 지구촌 갈등, 문제 중 이야깃거리 찾아보기 • 사회현상, 문제, 자신의 소망을 반영한 이야기 구상해 보기 • 사회현상, 문제, 자신의 소망을 반영한 그림책 쓰기
6	2	사회	2. 통일 한국의 미래와 지구촌의 평화	[6사08-05] 지구촌의 주요 환경 문제를 조사하여 해결 방안을 탐색하고, 환경 문제 해결에 협력하는 세계 시민의 자세를 기른다. [6사08-06] 지속 가능한 미래를 건설하기 위한 과제(친환경적 생산과 소비 방식 확산, 빈곤과 기아 퇴치, 문화적 편견과 차별 해소 등)를 조사하고, 세계 시민으로서 이에 적극적으로 참여하는 방안을 모색한다.	• 지구촌에서 나타나는 다양한 환경 문제 알아보기 • 지구촌 환경 문제를 해결하기 위한 노력 알아보기 • 환경을 생각하는 생산과 소비 생활 알아보기 • 빈곤과 기아 문제를 해결하기 위한 노력 조사하기 • 문화적 편견, 차별 없는 미래를 만들기 위한 노력 알아보기 • 세계 시민으로서 우리가 할 수 있는 일 실천하기	

 **교과와 연계한 그림책 쓰기**

　아이들과 그림책 쓰기를 해 보니 아이들은 교과와 연계한 지식 책 쓰기보다는 자신의 상상력을 마음껏 펼치는 그림책 쓰기를 더 좋아합니다. 그래서 교과와 연계한 그림책 쓰기를 하려면 교과 지식과 아이들의 상상력을 결합하는 아이디어가 필요합니다. 학년별 또는 학급별로 상황에 맞게 어떤 그림책을 쓸 것인가에 대해 동료 교사들 및 반 아이들과 이야기를 많이 나누는 것이 필요합니다.

　1학년은 1학기 말에 그림일기 형식의 책을 쓸 수도 있지만, 통합교과와 국어 시간을 활용하여 봄, 여름, 가을, 겨울 주제별로 글자 카드 책을 제작해도 좋습니다. 예를 들어 봄에는 봄에 관련된 식물이나 동물 글자 카드를 만드는 것이죠. 그림일기는 문장 쓰기에 충분히 자신감이 붙는 학년 말에 1학년을 마무리하는 활동으로 해도 좋겠습니다.

　2학년은 시 쓰기를 참 좋아하는 학년입니다. 고학년이 되면 시 쓰는 것을 부담스러워하고 쓰기 싫어하는 아이들도 많이 생기는데 2학년은 글쓰기에 겁이 없습니다. 평소 학급 운영을 할 때 시를 많이 들려주고 암송하기도 하면서 시에 대한 감각을 길러 준 후, 시를 쓰고 그림도 그린 시화집을 만들어 보는 건 어떨까요?

　3학년은 과학 교과의 '동물의 한살이' 단원과 미술 시간을 통합하여 그림책 쓰기를 해 보세요. 3학년 1학기 과학 3단원 동물의 한살이에서는 '신비한 알에서 나올 동물 상상하기, 동물의 암수 생김새와 하는 일 알아보기, 배추흰나비의 한살이 특징 알아보기, 여러 가지 곤충의 한살이 및 알을 낳는 동물의 한살이와 새끼는 낳는 동물의 한살이 알아보기' 활동을 합니다.

　예를 들어, '알을 낳는 동물의 한살이'의 시작인 알에 대해 알려 주는《생명이 숨 쉬는 알》을 읽고, 다양한 주제의 그림책을 만들 수 있습니다.

《생명이 숨 쉬는 알》, 다이애나 애스턴 글, 실비아 롱 그림, 웅진주니어

신비한 알에서 어떤 동물이 나올까 상상하기, 알에서 애벌레가 부화하기까지 어미의 노력이나 위험 요소 상상하기, 알이 다른 동물에게 잡아먹히지 않으려 하는 위장에 대해 상상하기 등 동물의 한살이를 교과서에 나오는 것에 국한하지 않고 프로젝트를 수행한 후 책 쓰기를 하면 됩니다.

4학년은 그림책 쓰기를 가장 즐겁게 적극적으로 하는 학년입니다. 조금만 동기를 주어도 상상력에 날개를 달고 마음껏 날아오르는 학년이죠. 그래서 4학년은 상상하여 꾸며 낸 그림책 쓰기를 하면 좋습니다.

5학년은 논리적 사고가 많이 발달하는 시기이므로 교과 영역이 사회 전반적인 부분으로 확대되어 배우는 내용이 많습니다. 인권, 법 등 삶과 연결된 지식이 많아서 그림책 쓰기를 통해 자기 삶을 드러내고, 생각을 정리하며, 생활에서 실천할 수 있습니다. 자신이 겪는 일상 속에서 인권 이야기를 다룰 수도 있으며, 역사 공부를 하면서 타임머신을 타고 과거로 돌아간 이야기를 쓸 수도 있습니다. 친구들과의 관계가 예민해지고, 정체성을 고민하며, 사춘기를 겪는 아이들도 많기 때문에 관계, 감정, 우정을 담은 그림책을 쓰게 해도 좋습니다. 자기감정을 들여다보고 감정에 솔직해지게 되며, 자신의 욕구를 간접적으로나마 분출하여 카타르시스를 경험하기도 합니다.

6학년은 진로에 대해 생각이 많을 때이며, 사회 문제에 대해 자기 관점을 정해 비판할 수 있는 학년입니다. 교과서에서도 지구촌 환경과 빈곤, 차별, 편견 등을 다루고 있으므로 주제를 정해 조사한 내용을 가지고 그림책을 쓰게 해 보세요. 사회 문제를 다룬다고 해서 고발이나 캠페인, 지식책에 한정하지 말고 상상을 가미해서 이야기를 짜도록 안내하면, 그림책의 수준이 높아집니다. 6학년 아이들이 환경 동화, 인권 동화를 쓰기 전에 읽으면 좋은 그림책을 소개합니다.

《플라스틱 섬》, 이명애 글·그림, 상출판사

《안녕, 폴》, 센우 글·그림, 비룡소

《왜 내가 치워야 돼》, 정하영 글·그림, 책속물고기

그림책 원고 쓰기
초고부터 퇴고, 스토리보드까지

01 초고 쓰기

처음 이야기를 쓸 때는 A4 용지의 반을 접어 용지의 왼쪽에 씁니다. 다 쓰고 나면 글을 고치면서 오른쪽에 적습니다. 초고는 무작정 자유롭게 생각나는 대로 쓰도록 하세요. 글을 쓸 때 제일 중요한 건 아이들의 마음이 편안하고, 분위기는 즐거워야 한다는 것입니다. 본격적으로 글을 쓰기 전에 아이들 마음에 쓰고 싶은 열망이 있어야 하는데, 다른 초등학생이 쓴 그림책들을 보여 주는 것이 효과적입니다.

02 초고 다듬기

아이들이 쓴 글을 다듬는 과정은 꼭 필요합니다. 다듬는 과정에서 부자연스러운 흐름을 잡아낼 수 있고, 좀 더 구체적으로 상황을 묘사할 수 있게 되며, 더 기발한 아이디어를 찾게 됩니다. 초고를 다듬을 때는 먼저 혼자서 다듬도록 합니다. A4 용지 왼쪽에 쓴 초고를 보면서 필요 없는 부분을 빼고, 더 넣고 싶은 내용은 첨가하며, 오른쪽에 다시 써 내려갑니다. 이때 한 문장을 한 줄로 쓰게 하세요. 문장은 너무 길지 않게 간결하게 쓰도록 합니다. 다 쓴 다음에는 다시 한 번 꼭 소리 내어 읽어 보게 하세요.

아이들에게 초고를 다듬는 방법을 미리 알려 주고 참고하면서 다듬게 하세요.

초고 다듬는 방법

- '누가, 언제, 어디서, 무엇을, 어떻게, 왜'의 육하원칙에서 빠진 요소는 없나요?
- 이야기의 흐름이 자연스러운가요?
- 위기는 처음, 가운데, 끝 중에서 어디에서 일어나며 위기가 약하지는 않은가요?
- 이야기 마무리가 공감을 주나요?
- 자신이 말하고자 하는 주제가 잘 드러났나요?
- 더 보충해야 할 부분이 있나요?

03 초고 완성하기

혼자서 이야기를 다듬은 후에는 짝지와 다듬기, 모둠원들과 함께 돌려 읽고 다듬기, 선생님과 다듬기 같은 활동을 교실 상황에 맞게 해 봅니다. 다른 친구의 이야기를 읽고 의견을 줄 때는 비판보다는 보충했으면 하는 내용만 제시하여 친구의 의욕을 꺾지 않게 주의합니다.

이제 새 A4 종이에, 그동안 A4 종이에 다듬었던 초고를 깨끗하게 다시 써내려 가며 정리해 보세요. 한 줄에 한 문장이 적당하며 같은 내용끼리는 한 문단에 넣도록 하세요. 다 쓴 후에는 다시 한 번 소리 내어 읽어 보면서 부자연스러운 문장이나 반복되는 문장, 너무 긴 문장을 고치도록 합니다.

04 내가 쓸 그림책은요!

초고 정리가 끝난 다음에는 한 사람씩 돌아가면서 자신이 어떤 그림책을 쓸 것인지 발표하는 시간을 갖습니다. 그림책을 쓰는 일은 시간과 노력이 많이 드는 일이에요. 그래서 다 함께 발표하고 난 후 서로 꼭 완성하겠다는 다짐과 격려하는 시간이 필요합니다.

그림책을 쓰다 보면 하다가 마음에 들지 않아 처음부터 다시 쓰겠다는 아이들이 꼭 생깁니다. 반면에 어떤 아이들은 포기하기도 하죠. 초고를 쓸 때부터 많이 생각하고, 그 생각을 같이 나누는 시간을 통해 초고에 대한 책임감을 느끼게 하면 중간에 쉽게 포기하는 것을 막을 수 있습니다.

마지막으로 교사는 한 번 더 아이들의 초고를 검토해야 합니다. 맞춤법과 띄어쓰기 교정하기, 군더더기 문장 없애기, 불필요하게 반복되는 문장 없애기 등을 교사가 다듬어 주면 훨씬 읽기 편하고 공감이 잘 되는 그림책을 쓸 수 있습니다.

05 초고를 스토리보드에 옮겨 담으며 장면 나누기

초고가 완성되면 이야기 장면을 나누어 스토리보드에 담습니다. A4를 6칸으로 접은 다음, 초고에 쓴 한 문장을 한 장면에 배치합니다. 이때 글의 위치와 그림의 위치를 정하며, 대강 스케치만 하면 됩니다. 스토리보드는 구상 작업이므로 자세히 할 필요가 없으므로 시간이 오래 걸리지 않게 합니다.

스토리보드를 짜면서 등장인물의 캐릭터를 미리 생각해 보고, 짬이 날 때마다 그리는 것을 연습하면 실제로 그림책을 쓸 때 유용합니다. 글과 그림의 배치, 글에 맞는 그림에 대한 감각을 키우려면 평소 학급 운영을 할 때 그림책을 많이 읽어 주면서 그림책의 구조에 관해 이야기를 나누면 큰 도움이 됩니다.

그림책 제작하기
그림 그리고, 글 배치하고, 표지 만들고!

　아이들이 쓴 소중한 그림책, 어떻게 하면 그림책답게 제작할 수 있을까요? 책으로 만드는 방법은 다양한데 그림책답게 만들고자 하면 할수록 시간과 비용이 많이 듭니다. 비용은 각 교육청 독서 교육 공모에 도전하여 제작비를 충당할 수도 있고, 학급 운영비로도 제작할 수 있습니다. 교사가 활용할 수 있는 예산에 따라 어떤 그림책을 제작할 것인지가 결정되겠죠. 전자 출판 방법을 익혀 놓으면 교직에 있는 동안 아이들의 그림책을 계속 전자책으로 출간할 수도 있겠죠.

　아이, 꿈, 책은 마치 삼각형 꼭짓점처럼 서로 연결되어 있습니다. 아이들은 책을 쓰는 과정을 통해 내면에 잠재해 있는 욕구를 드러내 자신의 소질과 특성을 발견합니다. 꿈은 먼 미래에 있는 것이 아니라, 지금 우리의 삶과 직결되어 있습니다. 아이들의 현재 삶을 소중히 여기고 응원하는 일이 바로 꿈을 이뤄 가는 일이며, 아이들의 책 쓰기는 그 한 걸음입니다. 그림책을 쓰고 난 후 성취감을 나누며 격려하는 과정은 꿈을 이루어 가는 과정과도 닮아 있습니다. 아이들 각자의 잠재력이 얼마나 크고 무궁무진한지, 스스로 얼마나 멋진 존재인지를 느끼게 하는 것이 바로 책 쓰기의 궁극적인 목적이겠죠.

그림책 제작 순서

❶ 최종 완성한 초고를 스토리보드에 한 장면씩 나누어 넣고, 그림 구상하기(얼개 짜기)
스토리보드를 완성한 후에는 교사가 한 번 점검해야 합니다. 문장 연결이 자연스러운지, 맞춤법이 바른지, 글과 그림의 위치가 적당한지 등을 살펴 주세요.

❷ 완성한 스토리보드를 참고하여 연필로 모든 장면을 그리고 이야기 넣기
그림책 그림을 그리기에 앞서 어떤 종이를 쓸 것인지 정해야 합니다. 포토북 형태로 제작하려면 스캔을 해야 하는데, 스캐너로 무리 없이 한 번에 스캔하기 위해서는 120그램 이하의 종이가 적당합니다. 그림을 색칠할 때는 스캐너에 잘 묻어나지 않는 색칠 도구를 사용합니다. 한 장 한 장 완성하기보다는 모든 장면을 연필로 그리거나 써 넣은 후 색칠해야 한다는 점을 잊지 않도록 합니다.

❸ 색칠하기 전에 빼거나 넣어야 하는 그림 요소는 없는지 점검하기

❹ 색칠하고 완성하기
어떤 책이냐에 따라 색칠 도구가 다를 수 있으므로 유의합니다.

❺ 마지막으로 작가 프로필 작성하기
자기소개, 나의 꿈, 책 쓰기를 한 후의 느낌이나 생각을 적습니다.

01 그림책 쓸 때 유의점을 다시 한 번 읽어 보세요!

- 한 장씩 완성하지 말고, 연필로 모든 장면을 끝까지 다 그리고 이야기를 넣은 후 색칠하세요!
- 색칠 도구는 종이에 따라 달라요! 미리 테스트하고 색칠하세요!
- 표지 그림을 먼저 그릴지, 제목을 먼저 쓸지 순서는 상관없어요! 책의 제목은 기발하게 정할 수 있도록 안내해 주세요!
- 등장인물 캐릭터에 자신감이 없는 아이들에게 용기를 주세요!(못 그려도 괜찮답니다!)
- 시간이 오래 걸리기 때문에 짬짬이 작업할 수 있도록 격려가 필요해요! 진척 사항을 수시로 점검해야 해요!

02 초등학생이 쓸 수 있는 그림책의 종류를 알아보겠습니다!

① 북 아트나 메이킹북 형태의 세상 하나뿐인 나만의 그림책 만들기

A4나 8절 도화지를 여러 번 접은 8쪽 책은 크기가 너무 작아서 아이들의 그림이 조잡해지고 글자를 제대로 읽기가 힘들어 작가의 의도를 전달하기 어렵습니다. 용지의 크기는 A4 반이나 B5 크기 정도가 적당하며 150그램 이상의 백상지를 이용하면 어느 정도 두께가 있어 책의 맛을 살릴 수 있어요. 표지는 속지보다 조금 더 두꺼운 종이를 사용하도록 하세요. 제본은 펀치로 구멍을 뚫고 스티치 기법으로 끈을 엮거나 책등 부분에 종이를 붙여서 만드는 등 다양한 방법이 있습니다.

플랩북은 접힌 부분을 펼치면 볼 수 있도록 만든 책입니다. 앞부분과 관계된 그림과 문장이 뒷면에 숨어 있어 호기심을 자극하고, 상상력을 불러일으킵니다. 접으

면 한 권의 책 모양이 되죠.

다음은 아이들이 좋아하는 플랩북과 팝업북 예시 자료입니다. 아이들이 책을 읽고 난 후 만들었어요.

플랩북 예시 자료

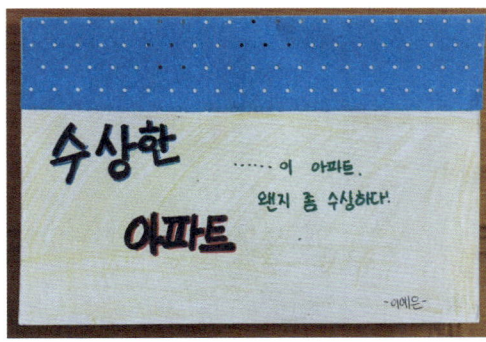

팝업북 예시 자료

② 무지 스크랩북을 이용한 그림책 만들기

무지 스크랩북은 5장짜리와 10장짜리 두 종류가 있습니다. 5장짜리는 저학년, 10장짜리는 고학년이 사용하면 되고, 저학년이라도 글밥이 많은 이야기는 10장짜리가 적당합니다. 종이 재질이 매끈하고 광택이 있어서 색칠 도구로는 아이들이 자주 사용하는 색연필보다는 마커펜이나 유성펜이 적당합니다. 글자는 연필로 가볍게 쓰고 네임펜으로 덮어 쓴 후 지우개로 지웁니다.

무지 스크랩북 예시 자료

무지 스크랩북은 페이지 분량이 한정되어 있으므로, 스토리보드 구상 단계에서 좀 더 세심할 필요가 있습니다.

이야기 장면을 다 넣은 후에도 종이가 남는다면 아이의 사진이나 작품 사진을 붙여서 성장 앨범으로 활용할 수 있습니다. 무지 스크랩북은 비용이 적게 들고 지도 교사의 손이 적게 가는 장점이 있습니다. 반면 크기가 작아 글씨를 크게 쓰면 책이 조잡해 보이고, 종이 표면이 너무 매끄러워 색칠한 후 지저분해지기 쉽습니다. 북아트처럼 발행 부수가 한 권으로 제한된다는 단점도 있습니다. 하지만 아이들은 자기가 쓴 그림책이라며 정말 뿌듯해하고 좋아합니다.

③ 포토북을 활용한 그림책 만들기

요즘에는 이미지 파일 형태로 저장한 사진들을 포토북으로 편집 및 인쇄해 주는 곳이 많이 있습니다. 아이의 성장 모습이나 가족 여행 또는 워크숍 등 다양한 일상의 사진들을 책으로 쉽게 만들 수 있게 되었죠.

포토북에서 만드는 그림책은 실제 그림책과 유사하여 아이에게 작가로서의 성취감과 뿌듯함을 더 느끼게 해 줍니다. 책도 오래 보관할 수 있으며 튼튼해서 돌려 읽기에도 좋아요. 하지만 권당 비용이 3만 원이 넘게 발생해서 많은 부수를 찍을 수 없는 단점이

포토북 예시 자료

있습니다. 교육청 공모 사업 지원금이 있는 경우, 소규모 학급에서는 포토북 제작을 할 수 있으며, 자녀의 책을 포토북으로 제작하고자 하는 부모들이 있다면 안내해 주세요.

포토북 만드는 순서

❶ 아이들이 쓴 그림책을 스캔합니다. 스캔한 파일을 이미지 편집 프로그램을 활용해서 깨끗하게 다듬습니다. (편집 프로그램으로 포토스케이프를 추천합니다.)

❷ 포토북 사이트에 가입하여 편집 프로그램을 내려받아 책을 만듭니다. 그림책에 맞는 크기의 책을 선택한 후 아이들 그림이 화면에 꽉 차게 편집하면 되므로 편집 방법은 어렵지 않습니다.

❸ 포토북 사이트의 장바구니에 담아 결재하면 3일 내에 인쇄된 책을 받을 수 있습니다.

④ 지역 인쇄소를 활용한 그림책 인쇄하기

반 아이들의 그림책을 순서대로 엮어 한 권으로 만든 다음 인쇄소에 맡기면 좀 더 저렴한 비용으로 많은 수의 책을 인쇄할 수 있습니다. 한 아이당 한 권의 책을 인쇄하는 건 비용이 많이 들어서 힘들죠. 1년의 학급살이를 담은 학급 문집이나 시화집, 그림책 모음집 또는 특별한 프로젝트를 수행하고 그 내용을 책으로 만든다면, 인쇄소에 맡기는 것이 더 좋습니다. 지역 인쇄소를 통한 그림책 제작은 많은 수의 책을 인쇄할 수 있다는 장점이 있으나 개인 책을 내기는 어렵다는 단점이 있습니다.

그림책 소개하기
홍보 영상, 북콘서트, 출간 기념회

내가 쓴 책이 더 많은 친구에게 읽힌다면 그것보다 신나고 좋은 일은 없겠죠. 아이들이 쓴 그림책을 동영상으로 제작하여 공유와 소통의 힘을 느끼게 해 주세요. 요즘은 동영상 제작 방법을 잘 알고 있는 아이들이 많습니다. 동영상 제작 방법이 다양하므로 자신에게 맞는 방법을 선택하여 발표하게 합니다. 먼저 동영상을 만든 친구들 것을 보여 주면서 어떤 방법으로 했는지 이야기하면, 몰랐던 아이들도 금방 배우게 됩니다. 동영상을 올리는 곳도 공유하면 좋습니다. 간단하게 스마트폰으로 동영상을 촬영하여 SNS로 공유할 수도 있고요.

01 친구들이나 저학년 학생에게 들려주기

자기가 쓴 책을 친구들 앞에서 읽어 주는 시간을 가져 보세요. 책을 읽고 난 후에

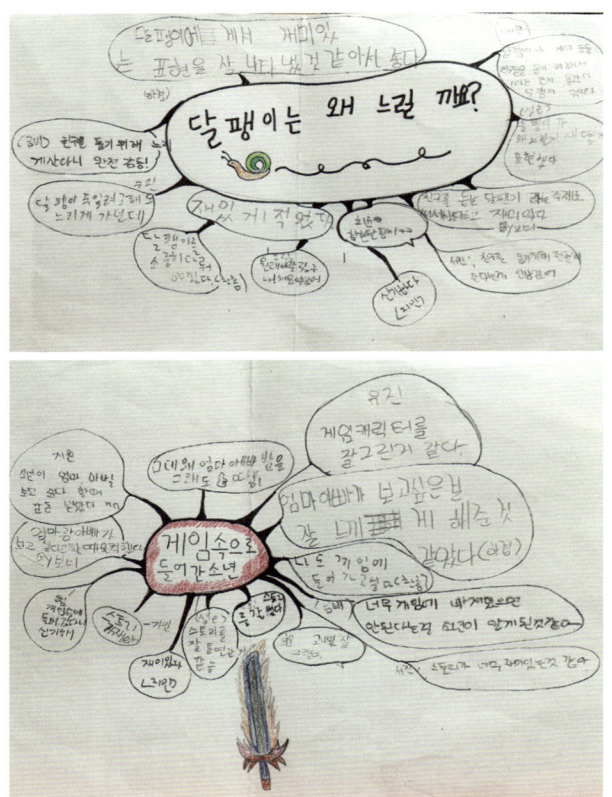

자신이 쓴 책에 대해 친구들이 적어 준 소감

는 그 책에 대한 소감을 적어 보게 합니다. 내가 쓴 책에 대해 친구들이 어떤 생각을 하고, 어떤 느낌이 들었는지 이야기를 나누는 시간은 친구를 더 깊이 이해하게 해 줍니다. 책을 통해 나누는 감정은 친구 관계를 더 돈독하게 해 줄 것입니다.

내가 쓴 책을 동생들에게 읽어 주는 시간도 가져 보세요. 저학년 담임 선생님께 한 시간 양해를 구한 후 동생들에게 책을 읽어 주는 것이죠. 장소는 나무 그늘이 있는 야외나 도서관을 이용하는 것이 좋으며 책을 읽어 준 후에는 동생들에게 책에 관한 질문을 던져 책에 대한 대화를 나누도록 합니다. 책 대화를 위한 질문의 예시는 다음과 같습니다.

─ "이 책을 읽고 어떤 생각이나 느낌이 들었니?"
─ "어느 부분이 가장 재미있거나 인상 깊었니? 그리고 그 이유는?"
─ "이야기에서 아쉬운 점은 없니?"

― "네가 등장인물이라면 어떻게 했겠니?"
― "너는 책을 쓴다면 어떤 책을 쓰고 싶니?"

02 책 잔치 및 출간 기념회 열기

책을 쓰는 일은 누구에게나 힘든 일입니다. 하지만 그 힘든 작가의 세계를 많은 이들이 도전하는 이유는 무엇일까요? 그 이유에 대해서는 한 권이라도 책을 쓴 사람만이 대답할 수 있을 것입니다. 이처럼 힘든 작업을 완료했으니 그에 대한 보상은 당연하죠. 아이들과 함께 책 잔치 및 출간 기념회를 열어 보세요. 아이들이 좋아하는 간식과 음료수를 준비하면 됩니다. 책을 전시하여 다른 반 친구들도 초대해 보세요. 그림책 작가를 초청하여 강연과 함께 아이들의 책에 대한 평가를 들어 봐도 좋겠습니다.

아이들과 어떻게 책 잔치와 출간 기념회를 할 것인지 의견을 나누어 보세요. 모든 과정이 아이들과 함께 이루어진다면 더 알찬 시간을 가질 수 있겠죠.

하지만 코로나 19로 인해 사회적 거리두기가 일상화되면서 삼삼오오 모여 음식을 나눠 먹고 다른 반을 초대하여 전시회를 여는 것이 어려워졌죠. 사회적 거리 두기를 지키면서 아이들이 스스로 책 출간을 기념하는 방법으로 '비대면 출간 기념회'는 어떨까요? 비대면 출간 기념회를 여는 방법은 여러 가지가 있습니다.

줌Zoom, 구글 미트Google Meet와 같은 화상회의 프로그램을 활용하여 자신의 책을 실시간으로 소개하고 학급 친구들과 소감을 나눌 수 있겠죠. 또 유튜브 개인 채널에 자신이 제작한 책 소개 영상을 게시하고, 학급 친구들과 주변 지인들에게 소개하여 인터넷상에서 감상하는 방법도 있습니다.

교실 팁 ❸ 온라인 출간 기념회 열기

책 소개 영상 제작을 위한 준비 단계

❶ 홍보 영상 제작 계획서 작성하기

작가 소개, 책을 쓰게 된 이유, 줄거리, 책을 읽기 전 알아 두면 좋은 점, 작가와 함께 책 읽기 등의 내용으로 홍보 영상 제작 계획서를 작성해 보세요.

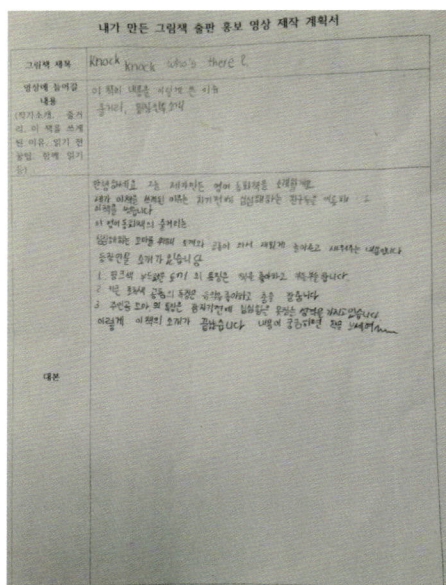

홍보 영상 제작을 위한 계획서 예시 자료

❷ 영상 제작하기

계획한 시나리오대로 자신만의 개성이 넘치는 출간 기념 영상을 제작합니다. 디지털 카메라로 영상을 촬영하거나 영상 편집에 관심 있는 친구는 다양한 애플리케이션을 사용할 수 있어요.

키네 마스터 Kine Master
다양한 영상 편집 기능이 있어 수준 높은 영상 제작이 가능하나, 초보자에게는 사용이 다소 어려울 수 있고 시간이 오래 걸립니다.

비바 비디오 VivaVideo
짧고 간단한 영상 제작에 활용하기 좋고 자동 편집 기능이 있어 초보자가 사용하기에 좋습니다.

비타 Vita
다양한 템플릿을 활용할 수 있습니다. 메뉴 구성이 직관적이라 초보자가 사용하기에 좋습니다.

❸ 제작한 영상 게시하기

제작한 영상을 유튜브에 전체 공개 또는 일부 공개로 게시합니다. 자신의 영상이 불특정 다수에게 공개되는 걸 원치 않는 아이에게는 일부 공개(링크가 있는 사람만 시청 가능)로 게시하는 것을 추천해요!

게시한 영상의 링크는 QR코드로 제작하여 교실과 복도에 게시합니다.

* QR코드 제작 팁: 네이버 로그인 → 네이버 QR코드(https://qr.naver.com) 접속 → [나만의 QR코드 만들기] 클릭 → QR코드 만들기 진행

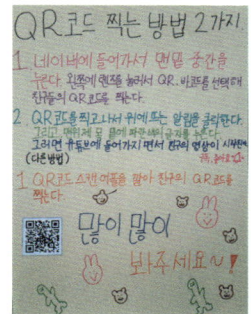

QR코드로 영상 보기 활동

❹ 친구들이 만들고 게시한 책 영상 시청하기

게시된 QR코드를 스마트 기기로 찍어 친구의 출판 기념 영상을 시청합니다. 아래 QR코드를 찍어서 아이들이 만든 영상을 시청해 보세요!

그림책 출판 기념 홍보 영상 QR코드

❺ 소감 나누기

친구의 출간 기념 영상에 댓글로 감상평을 남기고 서로 생각을 공유합니다. 사전에 네티켓을 지키며 상대방을 배려하는 건전한 댓글을 달도록 교육해 주세요. (도덕·인성교육 시간을 적절히 활용하는 걸 추천합니다.)

> **플러스 활동** 영어 그림책 쓰기, 어떻게 하면 좋을까?

'영어 그림책 쓰기'는 '모국어 그림책 쓰기'와는 지도 목표에 차이점이 있어요. 모국어 그림책 쓰기는 문학적 감수성 함양, 자존감 향상, 독서 교육과의 연계 등을 지도 목표로 합니다. 그러나 영어 그림책 쓰기는 아이들이 습득한 영어 표현을 적극적으로 사용하고 복습하는 것이 활동 목표입니다.

영어 실력이 높은 아이들은 영어 그림책 쓰기가 흥미로운 활동일 수 있지만, 영어를 어려워하는 아이들은 듣기, 말하기, 읽기, 쓰기, 어휘 언어 기능을 적절히 학습한 후 영어 그림책 쓰기에 도전하는 것이 좋아요.

모국어 그림책 쓰기를 지도하는 방법을 적절히 활용해서 영어 그림책 쓰기를 한다면 아이들의 영어 능력 향상에 긍정적인 영향을 끼칠 수 있습니다. 모국어 그림책 쓰기에서 중요시했던 창의적인 이야기 구성이나 그림체를 지도하는 비중은 줄이고 언어 활용적인 면을 강조해 영어 그림책 쓰기 수업을 진행해야 합니다. 그러기 위해서는 모국어로 그림책을 쓸 때와 마찬가지로 아이들이 영어 그림책을 충분히 경험할 수 있게 해야 합니다.

영어 학습이 이루어진 상태에서만 영어 그림책 쓰기 활동을 진행할 수 있으므로, 모국어 그림책 쓰기와 달리 영어 그림책을 활용하여 영어 교과의 성취 기준에 따른 학습을 진행하면서 영어 그림책 쓰기는 복습 활동으로 하면 좋습니다.

영어 그림책 쓰기 활동 전에 교사는 교과서에서 배운 목표 표현을 확장하여 활용할 수 있는, 아이들 수준을 고려한 영어 그림책을 골라야 해요. 모국어 그림책이면 아이들이 자신만의 읽기 전략을 활용하여 읽기를 진행할 수 있지만, 영어 그림책은 교사 주도적인 읽기 전략이 있어야만 아이들이 언어의 장벽을 넘어 영어 그림책에 관심을 가지고 영어 그림책 쓰기까지 도전할 수 있습니다.

기본적인 독서 전략과 마찬가지로 영어 그림책 읽기도 '읽기 전·중·후 활동'

순으로 구성합니다. 읽기 활동은 영어 그림책 읽기라는 언어 기능적 목표에 도달함과 동시에 배운 목표 표현을 영어 그림책 쓰기에 적극적으로 활용할 수 있게 합니다. 영어 그림책 읽기 활동을 통한 영어 그림책 쓰기 수업의 구체적인 지도 방안은 아래와 같습니다.

① 읽기 전 활동

읽기 전 활동	• 책 표지, 그림 관찰하기 • 그림책 내용 예상하기 • 궁금한 점 생각해 보기 • 알고 싶은 것 정리하기

읽기 전 활동에서는 아이들의 그림책에 대한 흥미를 유발할 수 있어야 해요. 모국어 그림책 읽기와 달리 외국어 그림책 읽기는 언어 장벽이 있으므로 아이들의 그림책에 관한 관심이 영어 읽기로 이어질 수 있어야 합니다.

영어 그림책을 읽기 전에 영어 그림책의 표지, 삽화 등을 관찰하는 시간을 가지며 그림책의 이야기를 예상해 보고, 자신이 예상한 이야기를 간단하게 글이나 그림으로 표현해 보는 것이 좋아요. 그림책을 살펴보면서 생긴 의문점이 무엇인지 생각하며 궁금한 점을 스스로 정리해 보는 시간을 가져 봅니다.

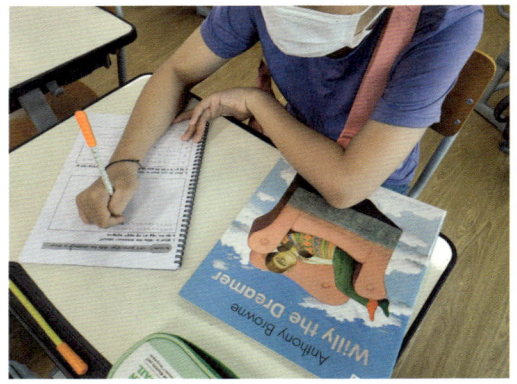

읽기 전 활동 모습

> **예시 자료** 《Willy the Dreamer》 읽기 전 활동

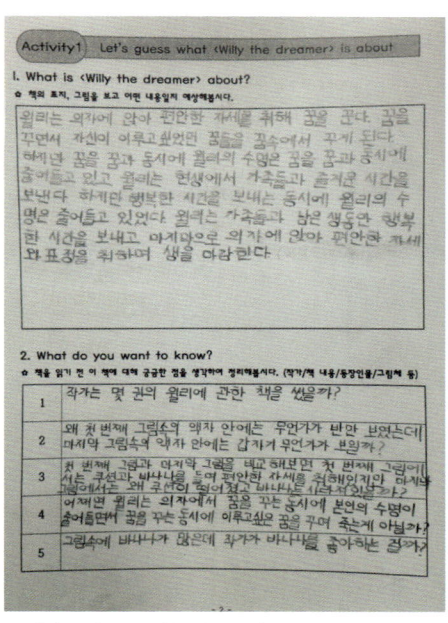 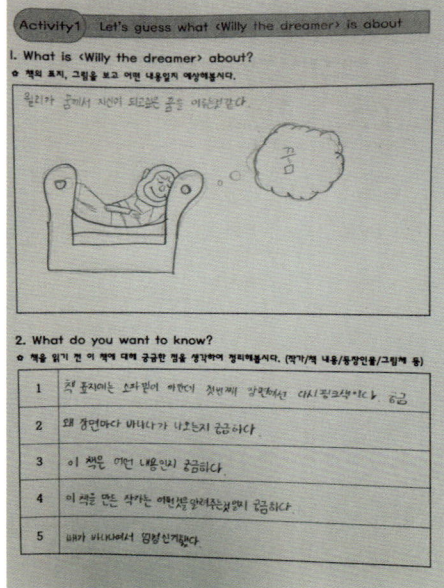

표지와 그림 보고 내용 예상하기

② 읽기 중 활동

읽기 중 활동	• 교사가 소리 내어 읽어 주기 • 교사가 읽어 주고 학생이 따라 읽기, 번갈아 읽기 • 모둠과 함께 읽기 • 스스로 읽기 • 내용 확인 질문, 학생들의 반응 공유하기 • 단어의 의미 유추해 보고 영어 사전 찾기 • 짝과 함께 읽기 • 하브루타 질문 수업: 그림과 텍스트 보며 내용 관련된 질문이나 생각해 볼 수 있는 질문 만들기(문화적 요소, 텍스트와 연관성, 캐릭터 특징 등) 질문하고 답하기

읽기 중 활동에선 교사가 직접 이야기를 읽어 주거나, CD롬을 활용하여 교사가 주도적으로 읽기를 진행한 뒤 아이들이 교사를 따라 읽게 하면서 번갈아 읽기를 합

니다. 교사가 주도하는 읽기가 끝난 후 모둠이 함께 읽기, 스스로 읽기를 하면 읽기의 정확성과 유창성이 향상됩니다.

모국어 그림책 읽기와 달리 영어 그림책 읽기는 한 번의 읽기로 독해가 끝나지 않아요. '교사 주도적 읽기 – 모둠 협력 읽기 – 스스로 읽기'의 과정을 통해 독해력을 키울 수 있습니다.

읽기가 끝났다면 교사는 아이들에게 내용을 확인하는 질문을 함으로써 책에 대한 이해도를 높이고, 그림책에 대한 아이들의 반응도 공유할 수 있습니다.

- "이야기에 나오는 등장인물은 누구일까?"
- "어떤 이야기가 펼쳐졌을까?"
- "책을 읽으면서 알게 된 점은 무엇일까?"

보통 영어 그림책을 읽기 전 어휘를 먼저 학습하지만 아이들이 영어 그림책을 읽으면서 모르는 단어의 의미를 자연스럽게 유추해 볼 수 있도록 읽기를 끝낸 후 어휘를 학습하기도 합니다. 교사가 일괄적으로 가르쳐 주는 어휘 학습이 아니라, 아이들이 뜻을 모르는 어휘를 영어사전에서 찾아보며 자신이 유추한 의미와 사전적 의미를 비교함으로써 자기 주도적으로 어휘를 습득하도록 합니다.

그림책에 나오는 어휘를 습득한 후 마지막으로 짝과 함께 한 번 더 깊이 있게 읽도록 합니다. 짝과 함께 그림책의 내용을 묻는 '내용 질문', 독자의 생각을 묻는 '생각 질문'을 만듭니다. 그런 다음에 반 친구들에게 묻고 답하면서 그 내용을 기록합니다.

이미 일련의 읽기 과정을 끝낸 아이들 입장에선 책 읽는 것이 지루할 수 있어요. 그래서 마지막 읽기 활동에서는 반 전체를 돌아다니며, 자신이 만든 질문을 하고,

상대방이 답하고 또 상대방의 질문에 답합니다. 이 활동을 통해 아이들은 그림책에 대한 다양한 시각을 역동적으로 공유할 수 있을 뿐 아니라 능동적인 읽기 능력을 함양할 수 있습니다.

하브루타 질문 수업 활동

예시 자료 《Willy the Dreamer》 읽기 중 활동

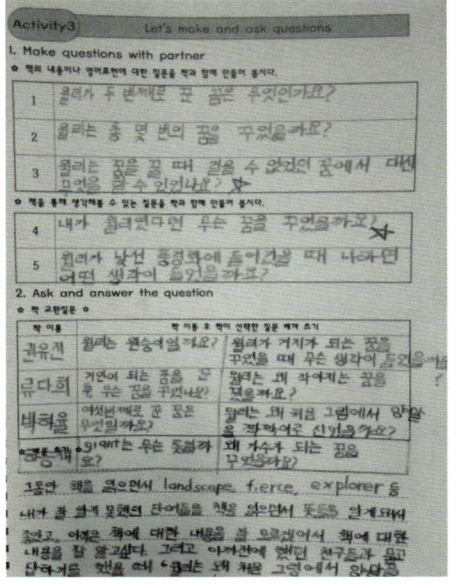

어휘 사전 찾기 　　　　　　　　　　질문 만들고, 묻고, 답하기

③ 읽기 후 활동

읽기 후 활동	• 그림책에서 배운 표현이나 단어로 '몸으로 말해요' 게임하기
	• 스스로 읽을 그림책 고르기 • 자신이 고른 그림책 읽기 • 읽은 그림책 제목, 작가, 줄거리 정리하기
	• 교과서와 영어 그림책에서 배운 표현을 활용하여 나만의 영어 그림책 스토리보드 짜기 • 영어 그림책 완성하기 • 자신이 만든 그림책 소개 영상 제작하기 • 친구 작품 소개 영상 보고 영어로 댓글 달기(감탄사, 칭찬하는 영어 표현 미리 익히기)

읽기 후 활동에서는 읽기 중에 배운 어휘를 '몸으로 말해요'라는 역동적인 게임을 통해 복습합니다. 보통 영어 어휘를 학습할 때는 어휘를 외우는 것을 목표로 두고 여러 번 쓰며 반복 학습을 하는 경우가 많죠. 하지만 초기 학습자의 경우에는 언어에 대한 흥미가 학습 능력으로까지 이어지기 때문에 흥미를 유지할 수 있게 해야 합니다. 이를 염두에 두고 '몸으로 말해요' 활동을 합니다.

예시 자료 읽기 후 활동

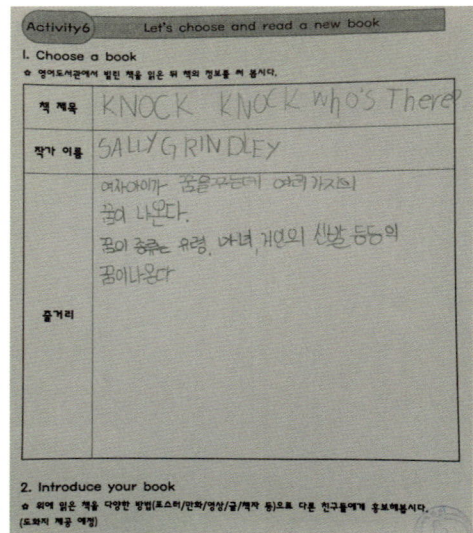

'몸으로 말해요' 활동 전 단어 정리   스스로 고른 그림책 독후 활동

읽기 후 두 번째 활동으로 아이들이 직접 자신의 수준에 맞는 관심이 가는 영어 그림책을 골라 읽는 시간을 가집니다. 이전까지는 교사가 골라 준 그림책을 읽고 교사가 주도적으로 계획한 교육과정 틀에 맞춰서 아이들이 활동에 참여하는 데 그쳤죠. 이번 활동에서는 '내가 쓰고 싶은 그림책은 어떤 그림책일까?'를 생각하면서 자신의 기준에 맞게 다양한 그림책을 훑어보며 고를 수 있도록 합니다. 이렇게 자신이 직접 고른 책을 읽으면서 자신만의 그림책을 구상할 수 있는 시간을 가집니다.

마지막 활동에서는 여태까지 습득한 영어 표현을 최대한 활용하여 영어 그림책의 스토리보드를 짜고 무지 스크랩북에 나만의 그림책을 완성합니다. 아이들은 자신의 상상 속 이야기를 구체화하거나 자신이 고른 그림책의 이야기 틀이나 소재를 변형하여 새로운 주제로 이야기를 만들어 갈 수 있어요.

영어 그림책 쓰기를 위한 스토리보드

스토리보드를 짤 때, 그림책이나 교과서에서 배운 표현을 적극적으로 활용하되 모르는 단어는 직접 영어사전을 찾아보며 문장을 구성합니다. 스토리보드를 완성한 후 교사는 부족한 영어 표현을 수정하고 보완해 주세요.

완성된 영어 그림책

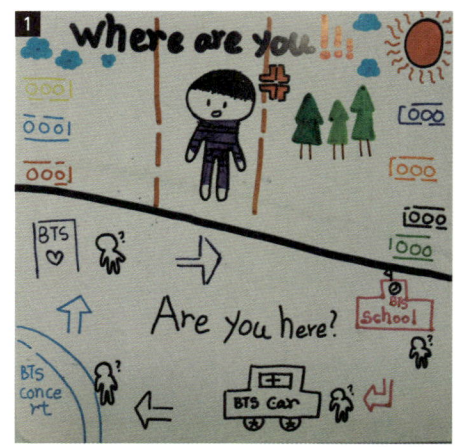

영어 그림책이 완성되면 아이들은 자신의 그림책을 소개하는 영상을 제작하여 인터넷상에 게시하면서 책을 출판하는 경험을 누립니다. 친구들은 실시간 댓글로 그림책 소개 영상을 시청한 후 감상 댓글을 달고 경험을 공유합니다.

4장

우리 반은 모두 그림책 작가입니다

다양한 그림책
— 내용별

앞서 3장에서도 말했듯이 이야기는 '꾸며 낸 이야기', '다시 꾸며 낸 이야기', '개인적 이야기', '사실적 이야기'로 나눌 수 있습니다. 이번 4장에서는 아이들이 직접 쓴 그림책을 이 같은 분류법에 따라 소개하고자 합니다. 아이들이 쓴 그림책은 동심을 담고 있어 그 자체로 가치 있고 사랑스럽습니다.

아이들이 쓴 그림책을 읽을 땐 어떤 평가든지 자제해야 합니다. 그림을 잘 그렸는지, 문장이 서툴지는 않은지, 주제는 잘 나타냈는지, 이야기 구성이 탄탄한지, 흐름이 완벽한지 같은 요소들을 충족했는지는 정말로 중요하지 않습니다. 그저 아이들이 한 권의 그림책을 완성했다는 것만으로 아낌없이 칭찬해야 합니다.

그림책 한 권을 쓰는 것만으로도 아이들은 많이 배우고 성장합니다. 책의 소중함을 알게 되고, 자존감이 커지며, 자신의 잠재력을 발견하기도 하죠. 그림책에는 그 아이의 개성과 특성이 드러납니다. 생각과 감정이 드러나고 삶을 살아가는 방식도 드러나며, 숨겨 왔던 욕구를 분출하기도 하죠. 그래서 어떨 때는 아이들을 가장 깊이 이해할 수 있는 도구가 그림책 쓰기가 아닐까 합니다. 너무나 개구쟁이라 평소에 친구들에게 미움받고 선생님에게도 잔소리만 듣던 아이가 그림책으로 자신을 빛내는 경우가 비일비재하거든요.

아이들에게 "참 잘 썼네!", "느낌이 잘 드러났네!", "어쩜 이렇게 감동적이니!", "정말 멋진 그림책이다! 아이들이 참 좋아하겠어!", "참 기발한 그림책이야!", "다른 친구들도 위로받겠어!", "상상력이 대단해!"와 같이 칭찬하면서 그들의 노력에 보람과 자랑스러움을 더해 주세요.

01 머릿속 상상을 그림책으로: 꾸며 낸 이야기

꾸며 낸 이야기는 실제 일어나지 않은 일을 상상하여 지어낸 이야기입니다. 꾸며 낸 이야기는 다시 '현실적으로 꾸며 낸 이야기'와 '환상적으로 꾸며 낸 이야기'로 나눌 수 있습니다.

① 현실적으로 꾸며 낸 이야기

현실적으로 꾸며 낸 이야기는 우리가 사는 현실을 바탕으로 일어날 수 있는 일을 엮은 이야기를 뜻합니다. 우리가 이미 경험했거나 앞으로 경험할 법한 일 또는 사건 말입니다. 평범한 일상이 작가의 의도로 새롭게 바뀝니다. 이야기를 통해 작가의 개인적 소망을 이룰 수도 있고 참아 왔던 분노가 표출되어 카타르시스를 느낄 수도 있습니다. 끊임없이 자신을 힘들게 했던 열등감이 이야기 속에서 치료될 수도 있죠. 아이들과 그림책을 쓰다 보면 자신을 힘들게 했거나 오래도록 간직했던 감정을 이야기로 녹여 내는 것을 발견하게 됩니다.

- **《마법의 옷장》**

《마법의 옷장》에는 엄마에 대한 그리움이 잘 표현되어 있습니다. 몽골로 떠난 엄마를 기다리면서 느꼈을 애절함이 녹아 있습니다. 옷장을 열면 몽골로 가는 마법 통로가 있다는 발상이 신선하게 다가옵니다. 마법 옷장은 사라지지만 또 다른 옷장이 만들어지면서 독자에게 기대감을 줍니다. 이 그림책은 2018년 김수연 선생님의 지도로 사포초 4학년 이채은이 썼습니다.

《마법의 옷장》, 이채은 글·그림

우리 집에는 | 너무너무 궁금해서 올라가 보았어요. 할머니께서 짐 정리를 하고 있는 중이었어요.

그런데 마침 올라가 보니 작은 옷장이 보였어요. | 너무 궁금해서 열어 보니 온 세상이 몽골로 변해 있었어요.

그 앞에 길이 보이기 시작했어요. | 모르는 길이지만 일단은 따라가 보았어요.

 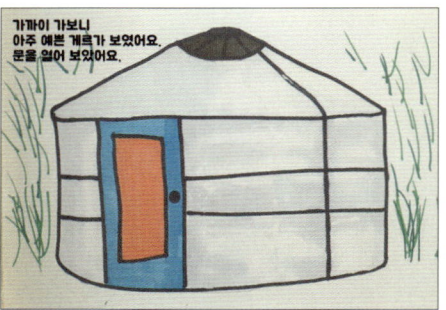

처음 보는 길이었지만 따라가 보았어요. 한참을 걸어가니 마을이 보였어요. 그래서 뛰어갔어요. | 가까이 가 보니 아주 예쁜 게르가 보였어요. 문을 열어 보았어요.

그 안에는 어떤 사람이 우유를 끓이고 있었어요. | 키 크고 아름다운 우리 엄마였어요.

토토는 엄마와 다시 집으로 돌아왔어요. | 나는 가족과 잘 살았어요.

하지만 그것은 꿈이었어요. | 나는 펑펑 울고 말았어요.

옷장은 정말 마법의 옷장이었어요. 우리 할머니가 알려 주신 미신이었지만 진실이 되었어요. | 그리고 할머니는 마법사였다고 생각했어요.

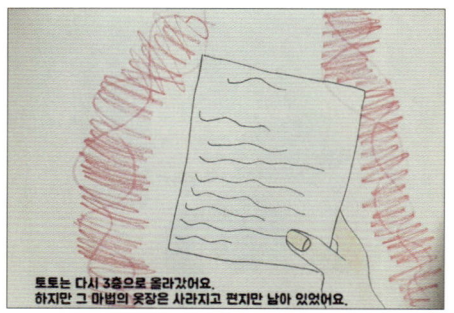 

토토는 다시 3층으로 올라갔어요. 하지만 그 마법의 옷장은 사라지고 편지만 남아 있었어요. | 토토는 할머니 방으로 갔어요. 할머니께서 이상한 물약을 만들고 있었어요. 할머니께서 말씀하셨어요. "이리 오렴."

할머니께서 말씀하셨어요. "나는 다시 새로운 옷장을 만들 거란다. 같이 가겠니?" 나는 가겠다고 했어요. 나랑 할머니는 옷장 여행을 떠났어요.

- **《화가 나요 엄청 많이》**

아이들은 학교에서 화나는 상황을 많이 겪습니다. 화를 잘 조절하지 못해서 힘들어하는 아이들도 많은데요. 이 그림책을 쓴 최승인 학생은 화를 어떻게 대해야 할지를 우리에게 알려 주고 있어요.

 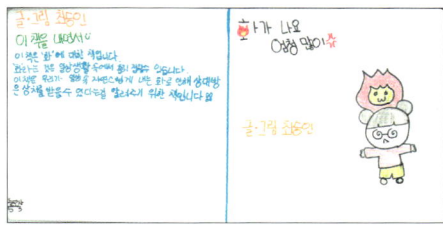

《화가 나요 엄청 많이》, 최승인 글·그림 | 이 책은 화에 대한 책입니다. '화'라는 것은 일상생활 속에서 흔히 접할 수 있습니다. 이 책은 우리가 일상 속 자연스럽게 내는 화로 인해 상대방은 상처를 받을 수 있다는 걸 알려 주기 위한 책입니다!

그림 그리는 건 정말 재미있어요. 열심히 그림을 그리고 있었는데 친구가 손을 툭 쳐서 그림이 엉망이 되었어요. 손이 '부들부들' 화가 나요. "야! 어쩌고 저쩌고~" | 친구랑 노는 건 좋아요. 그런데 친구가 자기 마음대로만 하려 해요. 입이 '파르르르' 정말 짜증 나요. "야! 샬라샬라~"

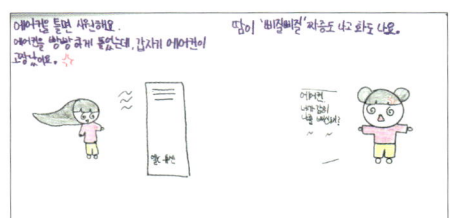 

에어컨을 틀면 시원해요. 에어컨을 빵빵하게 틀었는데, 갑자기 에어컨이 고장 났어요. 땀이 '삐질삐질' 짜증도 나고 화도 나요. "에어컨, 네가 감히 나를 배신해?~~" | 마트에 가면 멋진 장난감들이 많아요. 엄마는 한 개만 사라고 말해요. "응, 안 돼~" 나는 '꿰에에엙' 소리 질렀고, 엄마에게 꿀밤 한 대를 받았습니다. "꿰에에엙~!"

방에서 혼자 노는 건 정말 재밌어요. 재밌게 놀고 있는데 동생이 놀아 달라고 보채요. 진짜, 완전, 엄청 많~이 화가 나요. | 다음 날 일어나니 바닥에 불 같이 생긴 괴물이 꽂혀 있었어요. 나는 깜짝 놀라 "너, 넌 누구야?"라고 물었지요. 괴물은 "나 좀 꺼내 줘~"라고 말했어요. 괴물을 꺼내 주니 주머니가 여러 개 붙어 있었어요. 주머니를 자세히 보니 내가 화풀이를 한 '지나가는 아이'라고 쓰인 주머니가 있었어요.

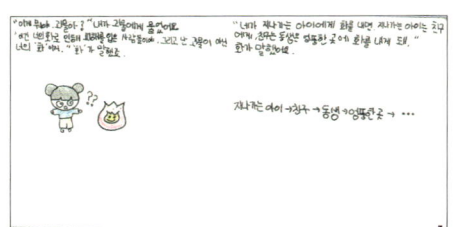 

"이게 뭐야, 괴물아?" 내가 괴물에게 물었어요. "이건 너의 화로 인해 피해를 입은 사람들이야. 그리고 난 괴물이 아닌 너의 '화'이지." 화가 말했죠. "네가 지나가는 아이에게 화를 내면 지나가는 아이는 친구에게, 친구는 동생에게, 동생은 엉뚱한 곳에 화를 내게 돼." 화가 말했어요. (지나가는 아이→친구→동생→엉뚱한 곳→⋯) | 그때 나는 나 때문에 다른 친구들이 화가 날 수 있다는 걸 알았죠. "그럼 이제 난 어떻게 해야 돼?" 내가 물었어요. "네가 그 친구들에게 사과를 하고 앞으로 화를 내는 대신 나랑 이야기하자!" 화가 말했어요. 이젠 '화'랑 이야기할 거예요!

② 환상적으로 꾸며 낸 이야기

　환상적으로 꾸며 낸 이야기는 현실에서 일어날 수 없는 이야기입니다. 그래서 작가의 상상력이 가장 많이 발휘된다고 해야겠죠. 오직 작가의 상상력에 의존하기 때문에 이야기를 잘 이어 나가기 어렵습니다. 그런데 아이들은 서툴러도 자신이 맘껏 상상해서 쓰는 이런 환상적인 이야기 쓰기를 좋아하고, 실제로 기발한 이야기책들이 많이 탄생합니다.

- 《마법의 뼈다귀를 가진 강아지》

마법의 뼈다귀를 주운 강아지가 무서운 사자를 지혜롭게 피하는 이야기입니다. 이 이야기를 지은 5학년 차재한 학생은 평소 자신이 잘하는 것이 없다고 생각하는 의기소침한 아이였는데요. 이 그림책으로 자신감을 얻었습니다. 강아지의 움직임과 원근감의 표현 등 미술적 재능이 뛰어나 제가 많이 칭찬했던 그림책입니다.

- 《검을 가진 고양이》

  5학년 김백준 학생은 평소에 그림 그리기를 아주 좋아하는 아이였습니다. 그림을 자주 그리는 아이들은 그림 실력이 금방 느는 것을 볼 수 있어요. 처음부터 엄청난 집중력을 보여 주며 가장 먼저 그림책을 완성했던 백준이의 그림책은 우리 모두를 놀라게 했습니다.

《검을 가진 고양이》, 김백준 글·그림

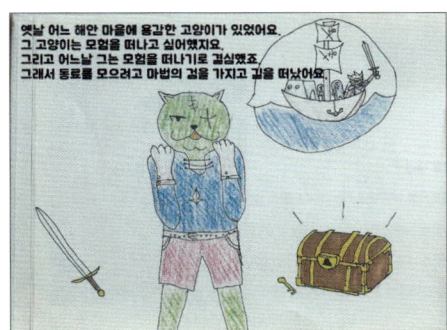 

옛날 어느 해안 마을에 용감한 고양이가 있었어요. 그 고양이는 모험을 떠나고 싶어 했지요. 그리고 어느 날 그는 모험을 떠나기로 결심했죠. 그래서 동료를 모으려고 마법의 검을 가지고 길을 떠났어요. | 고양이는 길을 가다가 코끼리를 만났어요. 고양이는 말했어요. "안녕? 난 새로운 세계로 갈 거야! 나의 동료가 되어 주겠니?" "내 쇠줄을 끊어 줘. 동료가 되어 줄게."

코끼리와 고양이는 대나무가 많은 곳에 도착했어요. 그리고 공룡을 만났죠. 고양이는 말했어요. "동료가 되어 주겠니?" "난 지금 덫에 당했어. 이것을 뚫어 주면 동료가 될 수 있어." "알았어." | 모험을 떠난 지 7일째 되는 날 거대한 폭풍을 만났어요.

폭풍에 휩쓸려 무인도에 도착한 세 명의 모험가들은 포기하지 않고 새로운 배를 만들기 시작했어요. | 드디어 뗏목이 완성됐어요. 다시 모험을 떠나기로 한 세 명의 친구들은 새로운 세계로 GOGO!

어느 날 세 친구들은 어떤 마을에 도착했어요. 배가 고파서 먹을 걸 찾으러 다녔지요. 그런데 이상했어요. 집들이 모두 다 작았어요. | 이곳은 소인들의 마을이에요. "우와! 진짜 맛있다!" "정말 그래!" 작은 친구들은 끝도 없이 먹을 걸 갖다 주었어요.

보답을 해야겠어요. 무엇을 해 주면 좋을까요? 우리는 결심했어요. 작은 친구들의 놀이터를 만들어 주기로. | 행복한 소인들의 마을을 떠난 친구들은 어둠의 안개 속에서 수많은 색깔 눈들을 보았어요. 두려움에 친구들의 몸이 부들부들 떨렸어요.

"무시무시한 뱀 괴물이다!" 괴물들은 세 친구들을 향해 독을 쏘며 공격했어요. 친구들은 너무나 무서웠어요. 그러나 용기를 가지고 맞서 싸웠어요. | 뱀 괴물과 싸우다 고양이가 다쳤어요. 두 친구는 고양이가 너무나 걱정됐지요. 그렇게 친구들은 걷고 또 걸어서 꽃으로 가득한 숲에 도착했어요. 그곳에 고양이를 눕히고 두 친구는 눈물을 흘리며 기도했어요.

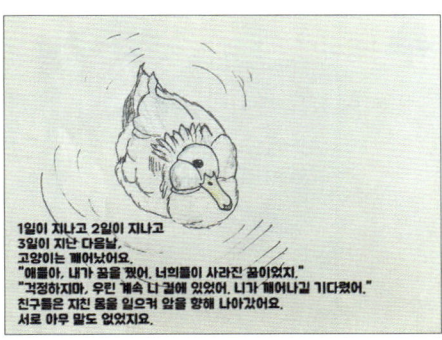 

1일이 지나고 2일이 지나고 3일이 지난 다음 날, 고양이는 깨어났어요. "얘들아, 내가 꿈을 꿨어. 너희들이 사라진 꿈이었지." "걱정하지 마. 우린 계속 니 곁에 있었어. 니가 깨어나길 기다렸어." 친구들은 지친 몸을 일으켜 앞을 향해 나아갔어요. 서로 아무 말도 없었지요. | "우리 이제 그만할까?" 고양이는 한숨을 내쉬며 말했어요. 두 친구는 서로 바라보기만 했어요.

그 순간 빛나는 고래들이 나타났어요. "너희들은 왜 힘없이 거기 있니?" 반짝반짝 빛나는 고래들을 보며 친구들은 잠시 생각에 빠졌어요. "우리들은 저쪽 바다 끝 푸른 도시로 가는 길이야." 친구들의 가슴이 다시 뛰기 시작했어요. 구름 한 점 없던 어느 날, 반짝반짝 빛나는 고래들과 함께 또 다른 모험을 떠나기 위해 친구들은 용기를 냈어요. "자, 힘을 내자. 더 넓은 세상으로 가는 거야!"

③ 다시 꾸며 낸 이야기 그림책

다시 꾸며 낸 이야기는 이미 있는 이야기를 새롭게 각색한 이야기를 뜻합니다. 의욕은 있으나 꾸며 낸 이야기를 환상적으로 쓰는 것을 어려워하는 아이들에게는 이미 있는 이야기를 새롭게 바꿔 보게 지도하면 한결 쉽게 쓰는 것을 볼 수 있습니다. 좋아하는 이야기나 감명 깊게 읽은 책의 뒷이야기를 만들어 보거나, 주인공의 성격을 바꿔 보거나 '만약 ~였다면' 같은 질문으로 이야기 포문을 열어 주세요.

- **《용사가 된 지니》**

《용사가 된 지니》는 5학년 손득현 학생이 알라딘의 요술 램프에 나오는 요정 지니가 어떻게 하여 요정이 되었는지를 쓴 이야기입니다. 이 책을 쓰면서 득현이는 자신의 상상력을 맘껏 펼치며 몰입하는 모습을 보여 주었습니다.

《용사가 된 지니》, 손득현 글·그림 | 이 세상 사람들에게 알려지지 않은 어느 마을에 지니라는 거지 소년이 살고 있었어. | 그러던 어느 날 어느 마을에 유령이 된 산타와 요정들이 쳐들어왔어요.

그리고 마을 사람들을 노예로 쓰기 시작했어요. 지니는 겨우 빠져나와 용사가 되기로 했어요. | 제일 먼저 검을 찾으러 갔어요. 그러다 어느 동굴에 강력한 검이 있다는 표지판을 보고 찾으러 들어갔어요.

문지기와 1개의 관문을 정직하게 말해서 모두 통과했습니다. (인생 여기서 마감…) | 그러자 정직의 검과 용기의 방패를 얻었습니다. 그리고 다른 마을의 문제를 해결하고 생명의 물약을 얻어서 갑옷도 얻고

자신의 마을에 있는 요정을 낙엽 쓸 듯이 쓰러트리고 유령이 된 산타와 배틀을 시작했다. | 처음엔 지니가 밀리는 듯 했으나 가면 갈수록 지니가 유리해져 산타를 쓰러트리고 엄청난 양의 보석을 얻어 마을 사람들에게 나눠 주고

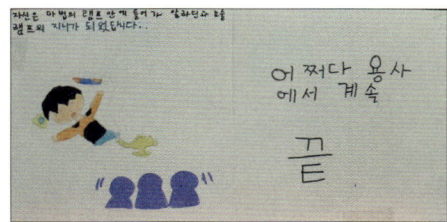 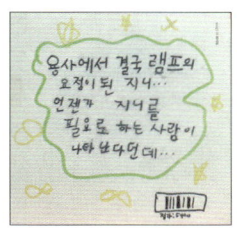

자신은 마법의 램프 안에 들어가 알라딘과 요술 램프의 지니가 되었답니다. (어쩌다 용사에서 계속) 끝 | 용사에서 결국 램프의 요정이 된 지니… 언젠가 지니를 필요로 하는 사람이 나타난다던데…

- **《토끼와 거북이의 제2회 달리기 경주》**

《토끼와 거북이의 제2회 달리기 경주》는 3학년 장소영 학생이 쓴 그림책입니다. 제2회 달리기 경주에서는 거북이가 승리합니다. 2등을 한 토끼는 분하지도 않은지 미소를 띠고 있는 것이 인상적입니다.

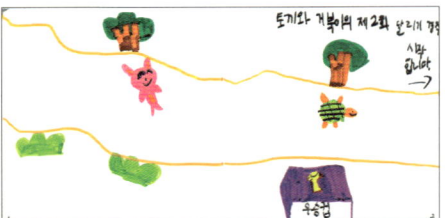

《토끼와 거북이의 제2회 달리기 경주》, 장소영 글·그림 | 토끼와 거북이의 두 번째 달리기 시합! 이번엔 누가 이길지… | 토끼와 거북이의 제2회 달리기 경주 시작합니다.

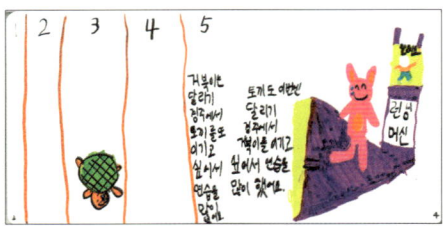

거북이는 달리기 경주에서 토끼를 또 이기고 싶어서 연습을 많이 했어요. 토끼도 이번엔 달리기 경주에서 거북이를 이기고 싶어서 연습을 많이 했어요. | 드디어 경주가 시작되었어요. 토끼는 빨리 가고 거북이는 체력을 아끼려고 천천히 갔지요. "안 돼." "히히."

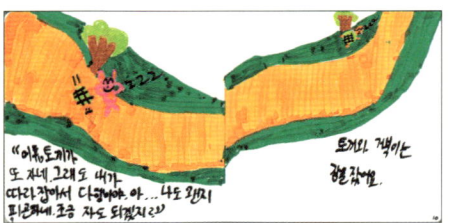

토끼는 연습하느라 한숨도 못 자서 나무 옆에 앉아서 잤지요. "거북이가 안 보이니까 자도 될 거야." | "어휴, 토끼가 또 자네. 그래도 내가 따라잡아서 다행이야. 아… 왠지 피곤하네. 조금 자도 되겠지?" 토끼와 거북이는 잠을 잤어요.

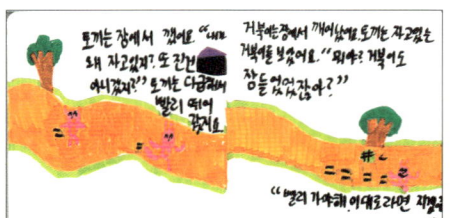

토끼는 잠에서 깼어요. "내가 왜 자고 있지? 또 진 건 아니겠지?" 토끼는 다급해서 빨리 뛰어갔지요. 거북이는 잠에서 깨어났어요. 토끼는 자고 있는 거북이를 보았어요. "뭐야? 거북이도 잠들었잖아?" "빨리 가야 해. 이대로라면 지겠어." | "아니! 어떻게 거북이가 저렇게 빨라?" 거북이는 결승점의 선이 보이자 아껴 두었던 체력도 쓰고 연습한 실력도 보여 주었어요. 그래서 거북이가 1등을 했어요.

거북이가 1등을 했어요. 토끼는 2등을 했고요. "거북이야, 너가 이렇게 빠른지 몰랐어. 너 연습 많이 했구나. 다음에는 내가 이길 거야! 거북아, 우리 친하게 지내자~ 대단했어. 안녕." "토끼야, 너도 잘했어! 다음에 이길 기회가 있겠지. 우리 친하게 지내자. 안녕~ 다음에 봐."

02 내 삶의 이야기를 그림책으로: 개인적인 이야기

개인적인 이야기는 실제 이야기입니다. 개인에게 일어난 이야기들을 꾸며 내지 않고 사건 그대로 쓰면서 자기 생각이나 느낌을 담거나, 어떤 일에 대해 느낀 감정을 그대로 싣기도 합니다. 두근거리는 가슴으로 시험을 보았던 일이나 가족과 여행 간 일, 친구와 싸웠다가 화해했던 일 등이 개인적인 이야기에 속합니다. 고학년이 되면 생각이 깊어지고 자기 정체성에 대해 고민하는 아이들이 생기는데요. 이런 아이들은 철학적인 그림책을 쓰는 것을 좋아합니다.

- 《저 별 아래서》

《저 별 아래서》는 한 편의 아름다운 철학 동화입니다. 저 별 아래 나라는 존재가 얼마나 소중하며 어떻게 살아가야 하는지를 이야기하고 있습니다. 초등학생이 썼다고 믿기지 않을 만큼 성숙함과 진지함을 느낄 수 있습니다. 이 그림책은 2018년 김수연 선생님의 지도로 산내초 4학년 임주희 학생이 썼습니다.

 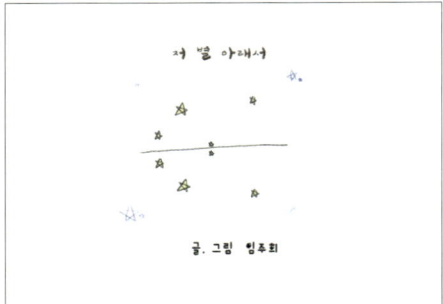

《저 별 아래서》, 임주희 글·그림

헤아릴 수도 없는 저 별 아래 내가 서 있다. | 그리고 나의 발아래에

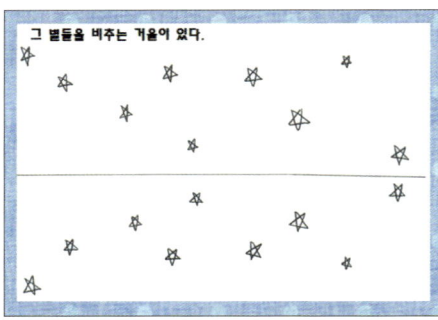 

그 별들을 비추는 거울이 있다. | 온 사방이 벽으로 둘러싸여 아름답지만 공허한 이곳에서 난 나의 목소리를 잃어만 간다.

답답해서 눈을 감았다. | 그리고 바람을 느꼈다.

다시 눈을 떴을 때 | 내 옆에는 작은 별이 서 있었다.

그 별은 속삭이듯이 말했다. "너는 너의 목소리를 낼 수 있어." | 그리고 내가 답하기도 전에 그 별은 사라져 버렸다.

그 후 나는 곰곰이 생각해 보았다. '내가 정말 나의 목소리를 낼 수 있을까?' | 나는 그 질문의 답을 "yes"라고 내렸다.

 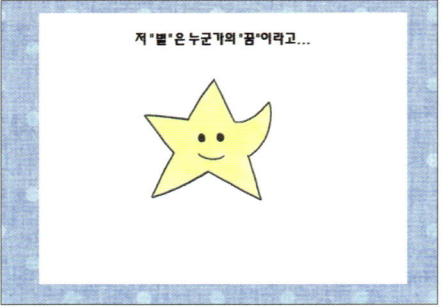

그리고 느꼈다. | 저 "별"은 누군가의 "꿈"이라고…

 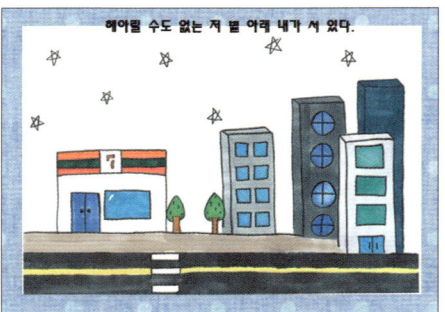

저 거울은 우리의 목소리를 세상에 비추는 것이라고. | 헤아릴 수도 없는 저 별 아래 내가 서 있다.

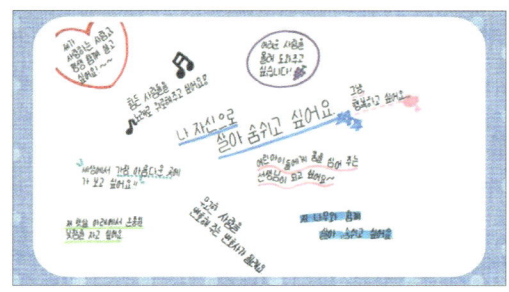

• 《초등 유튜브 생활 보고서 — HAPPY DREAM》

생활 글쓰기를 좋아하는 아이들은 자기 관심 분야를 알려 주는 책을 쓰게 해 보세요. 설명할 것이 너무 많아 그림책으로 표현하기에 무리가 있는 경우에는 글을 위주로 하고, 그림은 글을 보조해 주게 합니다. 조영현 학생은 초등학교 3학년 때부터 유튜버가 되는 것을 꿈꿨습니다. 5학년이 되었을 때는 영상을 제작하고 올리는 것을 자유자재로 할 수 있었는데요. 유명한 크리에이터를 꿈꾸며 이 책을 썼습니다.

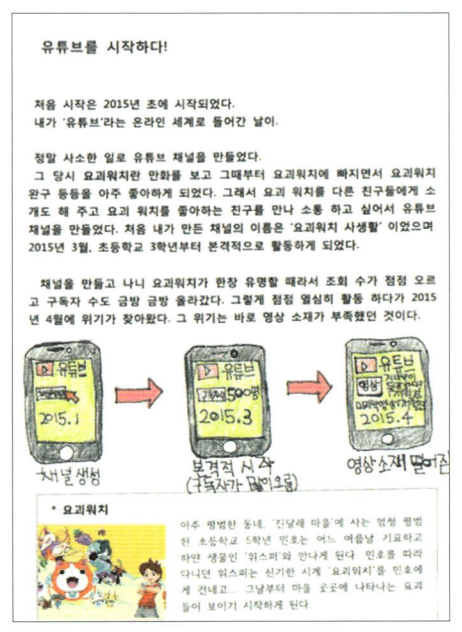

저작권법을 어기다니!

영상 소재를 찾으려고 유튜브에서 다른 요괴워치 영상들을 보다가 "이런 만화 하이라이트 영상 같은 걸 유튜브에 올리면 괜찮을 것 같네!"라는 생각을 했다. 그래서 나는 그 영상을 퍼 유튜브에 올렸다. 그 때 나는 어려서 저작권을 잘 몰랐던 때라 아무런 생각 없이 동영상을 올렸다.
그러고 나니 구독자가 점점 올라가서 천 명을 기록했다. 또 조회 수도 십만 명을 기록했다. 정말 기뻤다.
며칠 후 나에게 일본어로 작성된 메일이 한통 왔다. 일본어를 못하여서 번역기로 번역을 해보니 저작권에 대하여 말하는 메일이었다. 나는 왠지 모르겠지만 그 메일을 받고나서 극도로 공포감에 휩싸여서 유튜브 영상을 전부 다 내려버렸다. 이 일이 트라우마가 되어 그 충격으로 요괴워치도 언젠가부터 안하기 시작했다.

* 저작권
저작자가 자신의 저작물을 독점적으로 이용하거나 이를 남에게 허락할 수 있는 인격적, 재산적 권리

반디캠을 사용해 영상을 찍어 올리다!

몇 달 후 2015년 9월 중순에 컴퓨터를 샀고 그 컴퓨터로 게임을 하게 되었다. '마인크래프트'라는 게임을 시작했는데 그땐 마이크 장치도 없었지만 이 게임의 영상 소재로 알까하는 마음이 생겼다. 영상 소재로 찍겠다는 생각에 일단 마이크가 없는 상태에서 반디캠이라는 녹화 프로그램으로 영상을 찍어 올렸다. 그러나 조회 수는 많지 않았다.
혼자서 마인크래프트 게임을 하고 동영상을 찍어 올리고 하는데 외롭다는 생각이 들었다. 그래서 고정멤버를 뽑아 그 고정멤버와 마인크래프트 게임을 같이 하게 되었다. 마이크도 사고 시간이 흘러 2015년 11월부터는 같이 하지 않았다.
그렇게 혼자 마크(마인크래프트의 줄임말)를 하며 2016년 새해가 됐다.

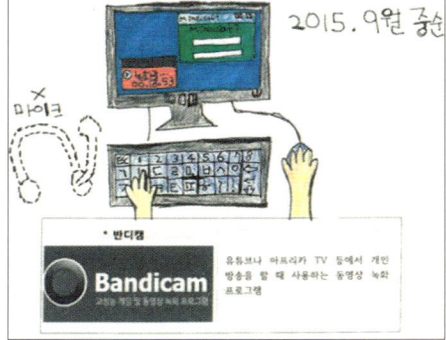

2015. 9월 중순

* 반디캠
유튜브나 아프리카 TV 등에서 개인 방송을 할 때 사용하는 동영상 녹화 프로그램

문제가 생기다

2016년 1월은 내가 지금의 나로 있을 수 있는 한 걸음 더 나아간 때이다. 그 때까지는 내가 메인 BJ(Broadcasting Jockey)가 되고 싶다는 생각만 하다가 해가 바뀌면서 내가 메인 BJ의 멤버가 돼도 괜찮겠다는 생각을 하고 있었다.
2016년 1월 중순 내가 즐겨 보던 마인크래프트 BJ가 멤버 모집을 했다. 그래서 나는 그 양식에 맞춰서 멤버 신청을 했다. 그런데 내가 여행을 가서 그 BJ가 보낸 메시지를 보지 못해서 탈락 될 뻔했다. 만약 진짜 탈락되었으면 내가 여기까지 오지도 못했을 것이다.
그런데 그 BJ가 며칠 후 나에게 메시지를 보내면서 활동 중이던 한 멤버가 탈퇴해서 나도를 뽑는다고 얘기했다. 나는 뭔가 기분이 좋지 않았지만 그냥 대타라 생각하고 들어가게 되었다.

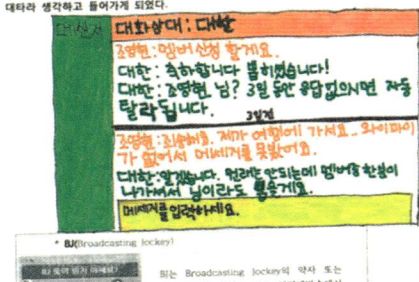

* BJ(Broadcasting Jockey)
BJ는 Broadcasting Jockey의 약자 또는 촛림(방장)을 일컫는 말로 인터넷방송에서 방송활동을 하는 사람을 일컬어 부르는 말이다.

유튜브 그룹(크루)에 들어가다!

거기는 내 첫 번째 유튜브 그룹이었다.(이것을 '크루'라고 한다) 처음에는 모든 게 낯설었는데 멤버의 80%가 수도권 사람이라서 더욱 그랬다. 거기의 크루 멤버가 처음엔 9~10명 정도였는데 시간이 지나고 보니 점점 사람들이 탈퇴를 하고 다른 사람의 모임으로 들어가는 등등 여러 가지 일이 있었다. 그 때가 아마 2016년 2월 초쯤일 것이다.
또 이런 일도 있었다. 그 메인 BJ의 성격이 자신과 안 맞아 그 BJ의 멤버들을 데리고 독립하려는 사람이 있었다. 나도 그 때 메인 BJ보다 그 멤버들이랑 더 친해서 독립하려는 BJ한테 갔다. 그래서 새로운 나의 크루 멤버는 그 날 BJ의 일부 멤버와 그 독립 BJ 멤버 모집에서 온 사람까지 합해서 한 6~7명 정도가 되었다.
활동을 계속하다가 사건이 하나 생겼다. 그 사건이 생긴 때는 2016년 4월 초다. 사건의 발단은 이랬다.(지금부터 BJ들이 많이 나오니 옛 메인 BJ를 대한이라고 부르고, 내가 속한 독립 메인 BJ를 민국이라고 부르고, 또 한 명 등장하는 BJ를 만세라고 부르겠다.)
내가 원래 있던 대한의 크루에 들어가기 한 3개월 전 대한이는 원래 만세의 크루에 있었다. 그런데 대한이와 만세가 성격이 안 맞아서 대한이가 만세의 크루에서 독립을 했다. 민국이는 대한이를 통해 만세에 대한 이야기를 들어서 만세가 누구인지 알고 있었다.

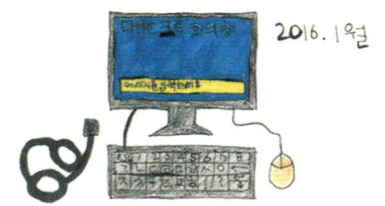

2016. 1월

크루에 들어가고 나오고……

그 땐 진짜 철이 없고 내가 제일 학년인데도 형들한테 대들고 그러면서 말싸움하기도 했다. 나뿐만 아니라 많은 사람들이 만세와 싸우면서 만세 크루에서 나갔다 들어왔다를 반복하면서 만세 크루에도 문제가 많았다. 그리고 5월 말 또 다른 사건이 생기면서 만세 크루 또한 크게 해체되고 말았다.

그 뒤로는 한동안 그냥 혼자 했다. 그런데 한국어의 멤버가 그 나랑 친한 사람이 있었는데 그 사람이 나를 추천해서 다른 크루의 멤버가 되었다. 추천으로 들어갔지만 딱히 하는 것도 없고 혼자 하는 것이나 크루에서 하는 것이나 별다른 차이점이 없어서 그냥 나오게 되었다.

크루를 나오고 며칠 지나고 나서 나를 추천해 준 사람의 영상을 같이 찍었다. 그런데 영상을 찍고 있는데 한국 BJ가 다시 멤버를 모집하는데 나를 뽑고 싶다고 해서 멤버 테스트를 받았다. 그래서 다시 한국 크루의 멤버가 되었다.

멤버가 된 것은 정말 좋았는데 멤버 중에 나랑 성격이 안 맞는 사람이 있어서 많이 싸우게 되고 한국BJ한테 많이 혼났다. 그러다가 또 한번 큰 사고치고 다시 나오게 되었다.

이젠 진짜 갈 데가 없어졌다. 그래서 혼자 방송을 할 수 밖에 없었고 할 때마다 잘 되지가 않았다.

내가 제일 싫어하는 말

그런데 나는 아까 말했듯이 형들에게 대들고, 개념도 없고 융통성 없는 철부지 11살이라 할 말 다하는 아이였다. 특히 내가 제일 싫어하는 말 "재 컴퓨터 내가 쓰면 진짜 잘 쓸수 있는데" 이런 말이나 또 "너는 컴퓨터 좋아서 좋겠다."이런 말을 들을 때는 기분이 나빴다. 그래서 "컴퓨터 좋은 게 뭐 죄예요?" 이렇게 따지듯이 말하니까 다른 형이 나에게 스카이프 개인메세지로 "영현아, 그렇게 말하지 마! 그냥 가만히 있어."라고 말했다.

그리고 내가 또 경상도 사람이라서 억양이 쎄니까 지역이 전주인 만세BJ와 지역이 대전, 성남, 서울인 크루원들은 내 말이 더 따지듯이 들렸을 거라는 생각이 든다. 지금 생각해보면 그 형들이 나보고 "개념이 없냐?", "융통성이 없냐?", "지금 대드냐?" 하는 말들을 했던 이유를 이해할 것 같다. 그런데 진짜 내가 그 당시에 제일 싫어하는 말은 내 컴퓨터에 관하여 얘기하는 것이었다.

자유를 찾다!

뭐 이렇게 갈등이 쌓이고, 쌓이고, 쌓이다보니 결국 나는 11월 달에 만세 크루를 나오게 되었다. 나온 이유는 나와 다른 지역, 다른 나이, 다른 성격의 사람들과 같이 활동하는 데 어려움이 있었기 때문이었다. 또 토요일이나 일요일에 나도 현실 친구랑 놀고 싶어서 놀려면 스카이프에 메시지가 계속 오니까 친구랑 노는 것도 노는 것이 아니었다. 그럼다고 그 채팅방을 나가면 이유를 알 수 있기 때문에 그 채팅방을 나갈 수도 없었다.

그렇게 밖에서 안 놀다보니까 어느 순간 우리 아버지가 말하던 우울증에 걸린 것 같았다. 괜히 친구들에게 짜증내고 크루 사이에서 별것도 아닌 것 가지고 싸우고, 맨날 집에만 있고 시간이 있으면 크루 계속 이러니까 우울증이 점점 커지는 것 같아서 11월 달 중에 나왔다.

나오고 보니 내가 자유롭다가 처음 크루에 들어갔을 때 정말 다 신기했는데 나오고 나니깐 자유로운 게 정말로 좋았다. 다 내 세상인 것 같았다. 친구랑 노는 것도 재미있고 그래서 그 시기에 구속보다는 자유가 좋다는 걸 깨달았다.

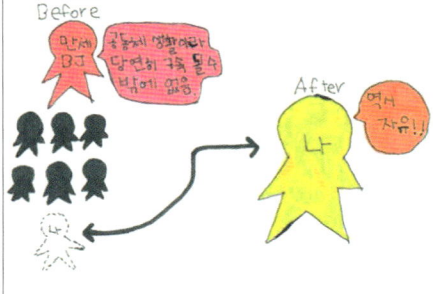

내가 바라는 크루

그 이후로 나는 절대 무슨 일이 있더라도 누구의 멤버라도 안 될 거라고 다짐하고 있다. 이렇게 싸우면서 친했다가 다시 싸우고, 들어왔다 반복하니까 터지는 속 터지고 멤버들도 나를 짜증내고 이러면서 서로 기분 나빠하는 것이 정말 싫었다. 이런 식으로 계속 가다가는 어떨 수 없이 그 팀은 해체 하거나 이런 일이 반복할 수밖에 없다는 생각이 든다. 진짜 뭐든지 열심히 좀 하고, 좀 배려해가면서, 또 남이 상처 받지 않게 서로 생활하면 뭔든지 좋은 방향으로 가고 싸움도 줄어들어 행복한 크루가 될 것 같다.

03 지식과 정보를 그림책으로: 사실 이야기

사실 이야기는 정보를 알려 주거나 사실을 모아 놓은 이야기를 뜻합니다. 지식책으로 과학적인 사실들을 그림책으로 만든 이야기입니다. 공룡이나 자동차, 인형, 게임 캐릭터, 기차, 우주 등 특별한 분야에 관심이 있는 아이들은 사실 이야기를 그림책으로 쓰면 더욱 열정을 가지고 참여합니다.

· 《모기》

《모기》는 '수컷 모기는 사람의 피를 빨지 않는다'는 정보를 바탕으로 엮은 그림책입니다. 2019년 김수연 선생님의 지도로 사포초 4학년 김슬찬 학생이 썼습니다.

《모기》, 김슬찬 글·그림

나는 모기다. | 사람의 피를 빨지 않는다.

왜냐면… (으악!) | 왜 나를 잡으려고 하지? 나는 사람의 피를 빨지 않는데.

나는 사람을 피해 꽃 사이로 숨었다. | 그런데, 바로 밑에 사람이 때려서 죽은 모기가 있었다. 나는 겁이 좀 났다.

사람들이 내가 있는 곳으로 왔다. | '아, 왜 오는 거지?' 할 수 없이 사람들을 피해 날아올랐다.

내가 날아오르자 나를 잡으려고 했다. | 나는 겨우겨우 살았다.

오늘은 어제보다 사람이 많다. | 내가 있는 곳에 제일 많다.

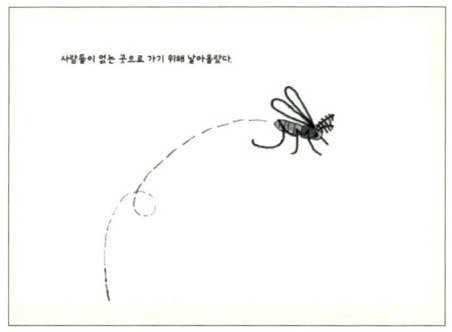 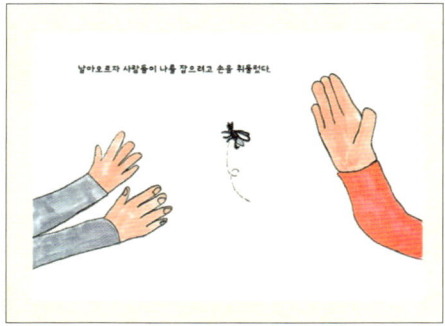

사람들이 없는 곳으로 가기 위해 날아올랐다. | 날아오르자 사람들이 나를 잡으려고 손을 휘둘렀다.

살충제를 뿌리는 사람도 있었다. | 오늘은 진짜 힘들었다.

오늘은 다행히 사람이 많지 않다. | 나는 자유롭게 날아다녔다.

내가 날아다녀도 사람들은 신경 쓰지 않았다. | 그런데 저 멀리서 어떤 물체가 아주 큰 소리를 내면서 오고 있었다.

심지어 그 물체는 흰 연기 같은 것을 뿌리면서 오고 있었다. | 사람들은 그 물체를 보고서는 다른 곳으로 갔다.

나는 더욱더 자유롭게 날아다녔다. | 그런데 그 물체가 기체를 뿌리면서 내 주변까지 왔다.

 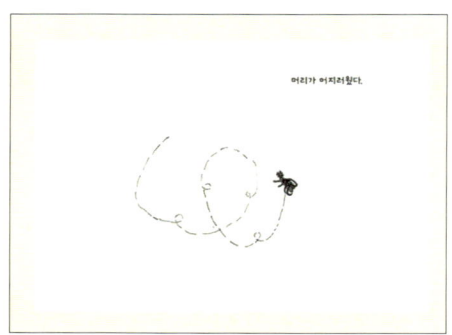

내 주변에는 온통 흰 기체로 뒤덮였다. | 머리가 어지러웠다.

깩. 난 수컷 모기인데.

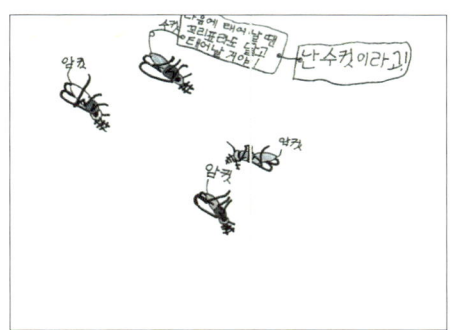 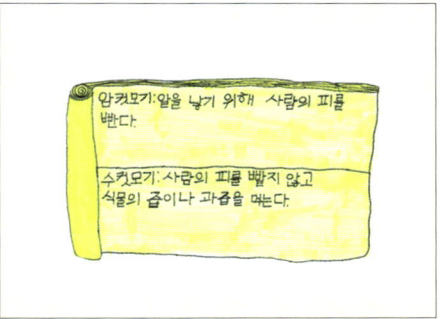

다음에 태어날 땐 꼬리표라도 달고 태어날 거야. 난 수컷이라고! | 암컷 모기: 알을 낳기 위해 사람의 피를 빤다. 수컷 모기: 사람의 피를 빨지 않고 식물의 즙이나 과즙을 먹는다.

다양한 그림책
— 형식별

아이 중에는 그림책을 쓰기 어려워하는 아이들이 있습니다. 이야기를 만드는 것을 어려워할 뿐만 아니라, 끝까지 매듭짓지 못하는 아이들도 많아요. 이런 아이들에게 억지로 끝까지 그림책을 쓰도록 강요하기보다는 아이의 욕구를 찾아 주는 것이 필요합니다. 요즘 아이들은 정말 개성이 뚜렷해서 욕구를 충분히 살피지 않으면, 그림책 쓰기라는 좋은 의도가 무색해지기도 합니다. 그럴 때는 아이의 개성에 맞는 책을 쓰도록 안내해 주세요. 어떤 책을 쓰고 싶은지 아이와 충분히 의논하면 결국 아이의 배움과 성장에 도움이 되는 책을 발견하게 될 것입니다.

01 만화 형식 그림책

생각이 너무 많아 정리되지 않을 때, 이야기가 자꾸 산으로 갈 때, 아이답지 않은 폭력성을 보일 때, 그림책으로 마무리가 안 될 때는 단편 만화를 쓰게 해 보세요. 긴 이야기는 쓰기 어렵지만 아이들이 좋아하는 짧은 만화 형식으로 쓰게 하면 한결 수월하게 쓰는 것을 볼 수 있어요.

- 《바른 생활 만화》

《바른 생활 만화》를 쓴 이현진은 5학년 학생으로, 생각이 창의적이고 형식에 얽매이길 싫어하는 자유분방함을 가진 아이였어요. 그래서 스토리보드에 구상한 것을 그림책으로 써 나가는 것을 힘겨워했어요. 책을 쓰는 중에 자꾸 샛길로 빠져서 장난스럽고 의미 없는 책이 되고 말았어요. 그래서 현진이와 이야기한 끝에 만화책을 썼습니다.

02 위인전 형식 그림책

아이들 가운데 위인들을 유난히 좋아하는 아이들이 있죠. 위인들의 이야기에는 역사적 사실이 녹아 있어서 역사를 좋아하는 아이들도 위인전 형식의 그림책을 쓰는 것이 좋을 수 있습니다.

· 《12살, 나의 위인들》

5학년 김강빈 학생이 쓴 《12살, 나의 위인들》은 한 줄 독서 일기를 모아 책을 썼습니다. 강빈이는 하루 한 줄 독서 일기를 쓰려고 그동안 읽지 않고 책장에 꽂아만 두었던 위인전을 한 권씩 모두 탐독하고 일기를 썼습니다.

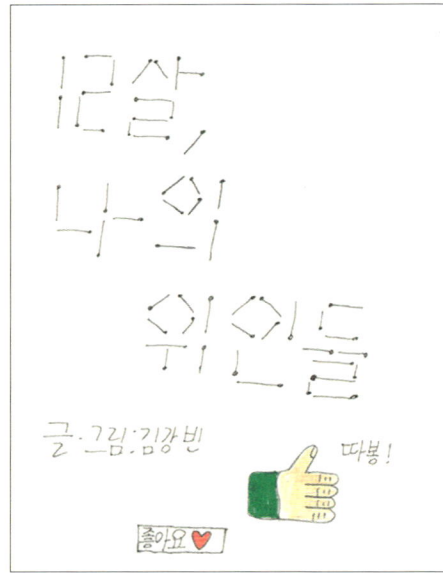
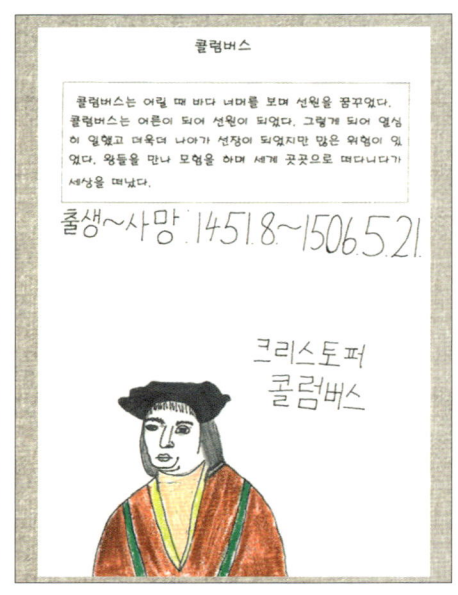

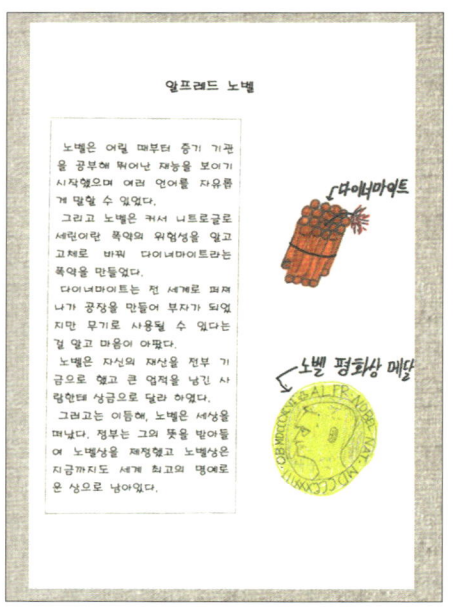

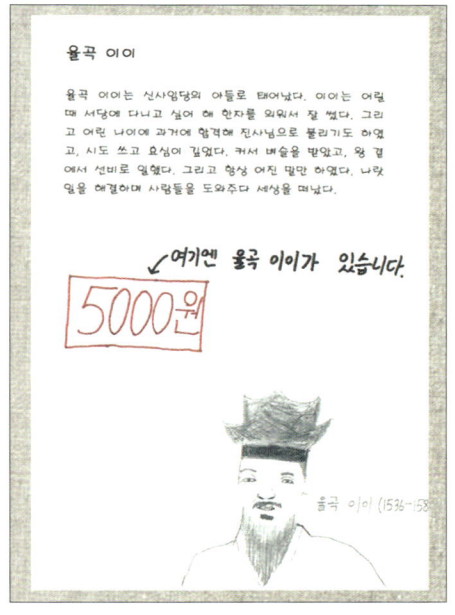
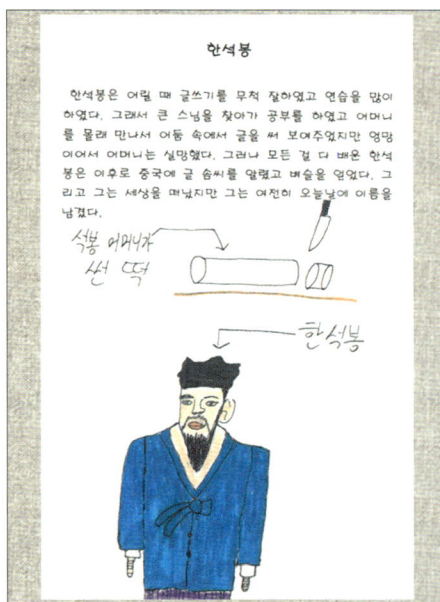

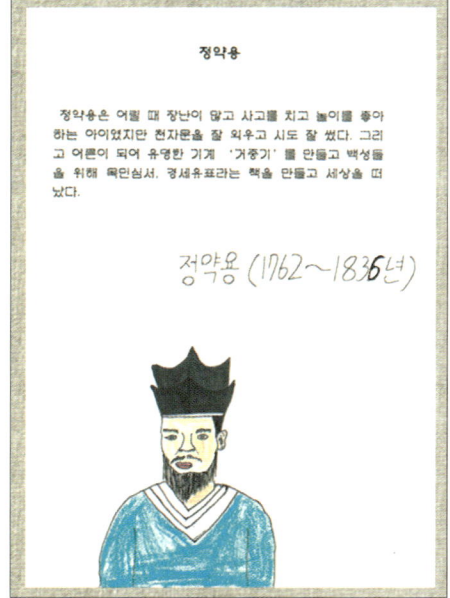
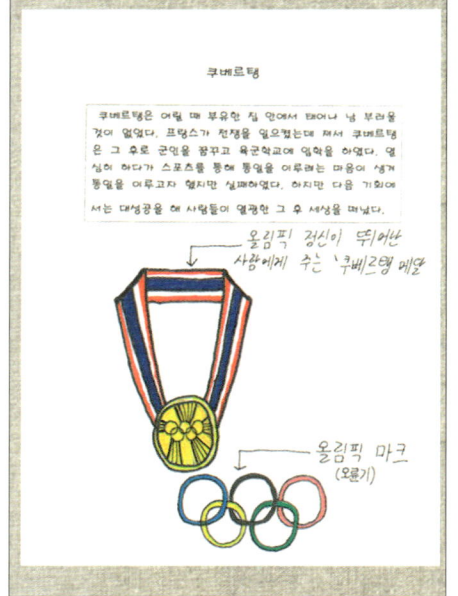

다양한 그림책
— 언어별

01 영어 그림책

영어 그림책은 일거양득의 효과를 볼 수 있는 그림책입니다. 자신의 영어 실력을 드러낼 수도 있고 그림책을 썼다는 뿌듯함도 느낄 수 있죠. 주어진 문장을 따라 읽고 쓰는 영어 공부는 수동적이어서 아이들이 질문하지 않는데, 영어 그림책을 쓰면 아이들이 저절로 교사에게 질문을 퍼붓게 됩니다. 단어가 맞는지, 문장 연결이 맞는지 계속 질문을 던지죠. 그러다가 결국 인터넷 검색을 통해 필요한 영어 문장을 스스로 찾아 나서게 됩니다. 영어 그림책 쓰기로 한 학기를 마무리해 보세요.

- 《This job(직업)》

《THIS JOB》은 5학년 강태윤 학생이 초등 영어 교재에서 많이 나오는 직업과 관련된 단어를 활용해 만든 그림책입니다. 아이들이 영어 그림책을 쓰려면 배우지 않은 단어에 대해 선생님에게 질문할 수밖에 없지요. 그래서 영어 그림책을 쓰면 자기 주도적으로 영어를 공부하게 되지요.

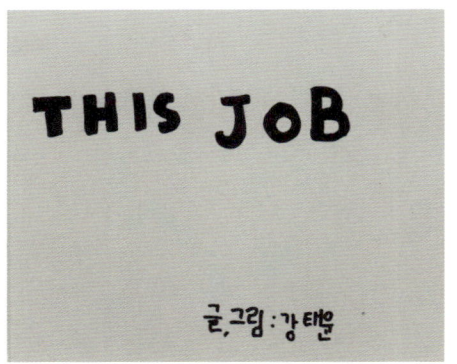

- 《Snake♥adventure(뱀의 모험)》

《Snake♥adventure》는 5학년 김관우 학생이 쓴 영어 그림책입니다. 이 책에서 뱀은 외로움을 느꼈어요. 그래서 산에 갔는데 거기서 토끼도 만나고 곰도 만났어요. 그러나 토끼도 곰도 뱀의 가족은 아니었어요. 뱀은 산 여기저기를 다녔어요. 그러다 결국 집으로 돌아와 엄마, 아빠를 만나는 이야기랍니다.

snake♥adventure written by Kim Kwan Woo | One snake is lonely. So he go to mountain.

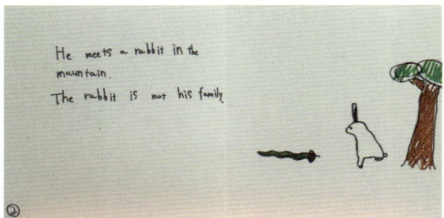
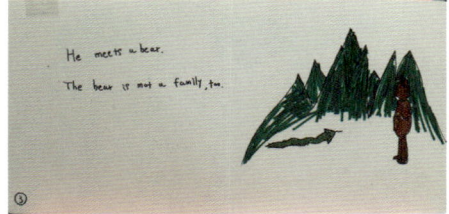

He meets a rabbit in the mountain. The rabbit is not his family. | He meets a bear. The bear is not a family, too.

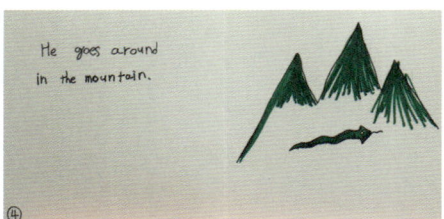

He goes around in the mountain. | He was lost in the deep mountain.

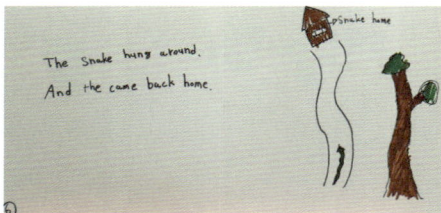
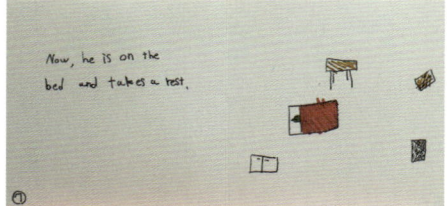

The snake hung around and the came back home. | Now, he is on the bed and takes a rest.

"Knock, Knock, Knock." They the dad and mom of the snake. Now he is happy.

- **《Happy Day(행복한 날)》**

《Happy Day》는 5학년 김민아 학생이 쓴 영어 그림책입니다. 여러분은 언제 행복을 느끼나요? 민아는 운동을 할 때, 젤리를 먹을 때, 음악을 들을 때 행복하다고 합니다. 여러분도 민아의 행복에 공감하나요?

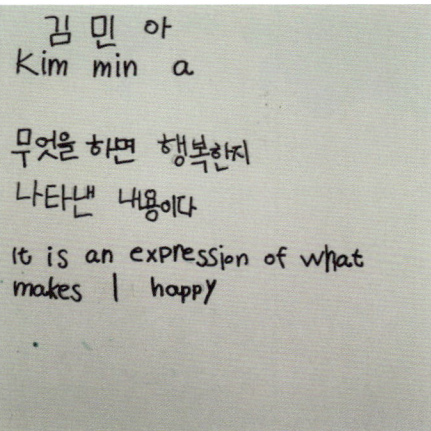

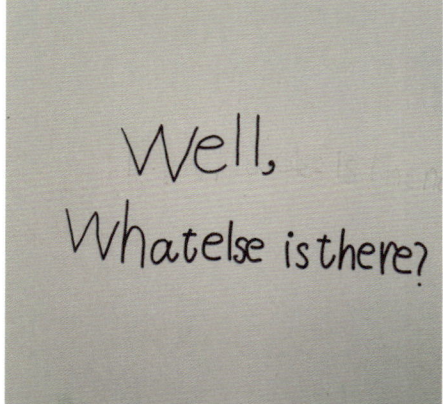

그림책 작가가 된 아이들의 이야기

　그림책 쓰기를 하고 난 뒤 아이들의 반응은 다양했어요. 아이들은 나만의 그림책을 완성해서 성취감을 느꼈고, 그림책 쓰기라는 새로운 도전을 한 것에 대해 뿌듯하게 생각했어요. 이 작은 성취감이 아이들이 성장하는 밑거름이 될 것이라고 생각하니 지도한 교사로서 뿌듯함을 느꼈어요.

　아이들은 그림책 쓰기가 힘들거나 하기 싫을 때도 참고 끝까지 노력해야만 했죠. 그림책을 쓰는 과정이 얼마나 힘들고 정성이 많이 들어가는지 직접 몸으로 체험했고, 책을 만드는 사람에 대한 존경과 노고에 고마움을 느꼈다고 합니다. 그래서 앞으로 책을 읽을 때 더 꼼꼼하게 읽겠다는 귀여운 다짐도 있었답니다.

　또, 그림책 쓰기 사후 활동으로 친구나 동생들에게 자신이 만든 그림책을 읽어주었어요. 이 활동으로 서로 생각이 다름을 알게 되었고, 칭찬이나 의견을 주고받기도 했어요. 그러면서 자연스럽게 친구와의 관계가 더 좋아졌다는 아이들이 많았어요.

한 친구의 소감에 "뇌를 쥐어짜서 생각했다."라는 솔직한 표현이 나오는데, 많은 아이가 그림책의 주제를 정하는 것이 힘들었다며, 공감해 주었어요. 그림책 주제를 정하기 위해 선생님과 의논하기도 하고 다양한 마중물 책을 통해 도움을 받기도 하지만, 결국 생각하고 또 생각하여 주제를 결정하고 이야기를 만들어 한 권의 책을 완성하는 건 아이들 몫이죠. 한 권의 책을 완성하는 활동이 아이들을 얼마나 성장시킬지는 상상을 초월하는 일이라는 생각이 들었어요.

2019년 무지 스크랩북을 이용한 그림책 쓰기는 5학년에서 시작되었는데요. 5학년 아이들의 그림책을 본 다른 학년 선생님들이 참여하면서 여러 학년에서 그림책 쓰기 활동이 이루어졌어요. 그림책 쓰기와 교과를 연계한 통합 수업을 같은 학년 선생님들과 함께 의논하면서, 그림책 쓰기의 다양한 활용 방법뿐만 아니라 학급 운영 방식도 공유하게 되었다고 해요. 또, 그림책 쓰기를 통해 아이들이 말하지 못하는 개인적 고민과 꿈 등에 대해 더 많은 정보를 알게 되었으며, 아이들을 더 잘 이해할 수 있는 계기가 되었다고 합니다.

마지막으로 그림책 쓰기 활동을 마치고 아이들이 쓴 소감문을 소개합니다.

> 처음으로 진짜 책을 만들었는데 쉬운 줄 알고 했는데, 막상 해 보니 재미있긴 하지만 힘들었다. 근데 완성하고 나니 매우 뿌듯했다. 그리고 세상에 하나밖에 없는 나만의 책이 있다는 게 신기하고 더 뿌듯하고 흐뭇했다. 다음에 또 만들고 싶은 생각이 들었고, 또 만들게 된다면 책을 시작하고 끝낼 때까지 최선을 다해서 할 것이다. 그리고 친구들의 책을 읽고 느낌 적기를 하는데, 내 책의 캐릭터가 귀엽다고 해서 고마웠다.
>
> — 4학년 유○지

내 예상대로 책이 잘 만들어져서 기쁘고 친구들도 재미있다고 말해 주니까 좋았다. 다음에도 책을 쓰거나 선생님 말씀대로 스토리북을 만들까 생각 중이다.

나도 처음에 힘들었는데 점점 재미있고 그림책을 만드는 게 신이 났다. 아, 5학년이 되어도 만들고 싶다.

— 4학년 한○미

원래는 '재미있을 것 같다.'라고 생각했는데, 시간도 너무 오래 걸리고 힘이 많이 들었다. 그래서 원래 작가가 책 한 권을 쓸 때 얼마나 힘들지 다시 한 번 알게 되었다. 많이 힘들고 어려웠지만 멋진 이야기책을 만들어서 정말 뿌듯하였다.

친구들이 만든 책을 읽어 보았는데 너무너무 정성이 느껴졌고 잘 만든 것 같다. 기회가 된다면 또 이야기책을 만들고 싶다.

— 4학년 이○진

내가 직접 만드니 책 만드는 분들이 얼마나 힘든지 알게 되었다. 그래서 책 만드는 분들에게 감사하다. 그리고 새로운 것에 도전하니 뿌듯했다. 앞으로는 책을 읽을 때도 자세히 꼼꼼히 읽어야겠다.

그리고 내가 만든 게 잘된 것 같아서 기쁘고 또 하고 싶다. 마칠 때 친구들의 칭찬과 의견을 들었는데, 칭찬을 들을 때 기뻤고 나도 작가가 된 것 같아서 새로웠다. 그리고 칭찬을 적어 준 친구들에게 감사하다. 의견을 들을 때 '친구들의 생각이 다 다르네. 재미있다.'라는 생각이 들었다. 이런 경험을 하게 되어서 기쁘다.

— 4학년 이○경

그림책을 만들면서 재미있었고, 정말로 내가 책을 만들어 파는 사람 같은 기분을 느꼈다. 그리고 친구들과 아이디어 공유도 해서 서로서로 큰 도움이 되고, 책이 더 재미있어진 것 같다.

여러 가지 내용이 떠올랐는데 솔직히 가장 아쉬웠던 게 책 내용이었다. 책을 만들고 나니까 더 재미있는 내용이 팍팍 떠올랐다. 책 만들기 전에는 생각이 너무 나지 않아서 뇌를 쥐어짜서 생각했는데, 그 점이 조금 아쉬웠다.

그림 그리는 것과 글을 적을 때 조금이라도 실수하면 못 고치기 때문에 그 점이 힘들었고, 색칠은 테두리만 해서 힘들진 않았던 것 같다.

솔직히 그냥 너무 재미있었다. 힘들었지만 재미있는 책을 완성할 생각을 하니 힘이 났다. 친구들과 같이 만들어 보며 재미를 크게 느꼈다.

내가 완성한 책을 읽어 보았을 때 먼저 '내가 책을 만들다니!' 하는 생각이 가장 빨리 들었고, 책을 만들었다는 사실이 진짜 신기했다. 나한테는 꽤 재미있었는데 다른 사람에게도 재미있을지 걱정도 되었다. 하지만 진짜 재미있었던 책 만들기였다.

— 5학년 정○은

처음에 책을 만들기로 했을 때 조금 걱정했다. 왜냐하면 내가 재미있는 책을 만들 수 있을까 걱정스러웠기 때문이다. 마인드맵을 만들어 책의 주제를 정할 때 생각이 안 나서 힘들었다. 등장인물과 주인공의 이름, 주인공 친구들의 이름을 짓는 게 재미있었다.

책을 만들 때는 힘들었지만 다 만들고 나니까 뿌듯한 느낌이 들어서 좋았다. 책을 만들고 작가들의 뿌듯한 느낌을 조금이라도 알게 된 것 같다.

— 5학년 박○연

그림책 쓰기 활동을 다 마친 후 아이들이 이구동성으로 말하는 것이 있어요. 그림책 쓰기는 재미있지만 힘들다는 것이죠. 그래도 완성된 그림책을 보면 뿌듯하고 자랑스럽다고 말하죠. 책을 완성하고 나면 빨리 집에 가서 부모님에게 보여 주고 싶어서 가방 깊숙이 숨겨 놓는 아이들도 있었어요.

아이들에게 그림책 쓰기를 가르치는 동안 선생님도 힘들지만 아이들이 뿌듯해하는 모습을 보며 값진 보람을 느끼는 일이 바로 초등 그림책 쓰기입니다.

■ 이 책에 실린 그림책 출처 모음

- 《감자에 싹이 나서》, 김성종 글·그림, 낮은산
- 《개구리 왕자 그 뒷이야기》, 존 셰스카 글, 스티브 존슨 그림, 보림
- 《개구리랑 같이 학교로 갔다》, 밀양 상동 초등학교 20명 지음, 보리
- 《거미와 파리》, 메리 호위트 글, 토니 디털리치 그림, 열린어린이
- 《겁쟁이 윌리》, 앤서니 브라운 글·그림, 웅진주니어
- 《고 녀석 맛있겠다》, 미야니시 다쓰야 글·그림, 달리
- 《고릴라》, 앤서니 브라운 글·그림, 비룡소
- 《곰 사냥을 떠나자》, 마이클 로젠 글, 헬린 옥슨버리 그림, 시공주니어
- 《괜찮아》, 최숙희 글·그림, 웅진주니어
- 《구름 공항》, 데이비드 위즈너 글·그림, 시공주니어
- 《구름빵》, 백희나 글·그림, 한솔수북
- 《귀뚜라미와 나와》, 김소월 외 지음, 보리
- 《그건 내 조끼야》, 나카에 요시오 글, 우에노 노리코 그림, 비룡소
- 《글쓰기, 이 좋은 공부》, 이오덕 지음, 양철북
- 《기분을 말해 봐》, 앤서니 브라운 글·그림, 웅진주니어
- 《기적의 한 줄 쓰기》, 오정남 지음, 꿈결
- 《길 아저씨 손 아저씨》, 권정생 글, 김용철 그림, 국민서관
- 《까만 크레파스》, 나카야 미와 글·그림, 웅진주니어
- 《꿈꾸는 윌리》, 앤서니 브라운 글·그림, 웅진주니어
- 《나무 그늘 아래 시인들의 노래》, 부북초 4학년 14명 지음
- 《누가 내 머리에 똥 쌌어?》, 베르너 홀츠바르트 글, 볼프 에를브루흐 그림, 사계절
- 《누구 그림자일까?》, 최숙희 글·그림, 보림
- 《눈물바다》, 서현 글·그림, 사계절
- 《눈사람 아저씨》, 레이먼드 브리그스 글·그림, 마루벌

- 《눈을 감아 보렴!》, 빅토리아 페레스 에스크리바 글, 클라우디아 라누치 그림, 한울림스페셜
- 《늑대가 들려주는 아기 돼지 삼형제 이야기》, 존 셰스카 글, 레인 스미스 그림, 보림
- 《돼지책》, 앤서니 브라운 글·그림, 웅진주니어
- 《똥은 참 대단해!》, 허은미 글, 김병호 그림, 웅진주니어
- 《리디아의 정원》, 사라 스튜어트 글, 데이비드 스몰 그림, 시공주니어
- 《마녀 위니 학교에 가다》, 밸러리 토머스 글, 코키 폴 그림, 비룡소
- 《마녀 위니의 겨울》, 밸러리 토머스 글, 코키 폴 그림, 비룡소
- 《마녀 위니의 야생 동물 탐험》, 밸러리 토머스 글, 코키 폴 그림, 비룡소
- 《마법의 설탕 두 조각》, 미하엘 엔데 지음, 한길사
- 《마술 연필을 가진 꼬마 곰》, 앤서니 브라운 글·그림, 현북스
- 《마술 연필을 가진 꼬마 곰의 모험》, 앤서니 브라운 글·그림, 현북스
- 《마음아 안녕》, 최숙희 글·그림, 책읽는곰
- 《말괄량이 기관차 치치》, 버지니아 리 버튼 글·그림, 시공주니어
- 《목 짧은 기린》, 프랭크 디킨스 글, 랠프 스테드먼 그림, 아름다운사람들
- 《미술관에 간 윌리》, 앤서니 브라운 글·그림, 웅진주니어
- 《민들레는 민들레》, 김장성 글, 오현경 그림, 이야기꽃
- 《보리 어린이 노래마을》, 백창우 지음, 보리
- 《부엌칼의 최대 위기》, 미야니시 다쓰야 글·그림, 미래아이
- 《불을 꺼 봐요!》, 리처드 파울러 글·그림, 보림큐비
- 《비 오는 날 일하는 소》, 이호철 엮음, 산하
- 《빨간 풍선의 모험》, 옐라 마리 글·그림, 시공주니어
- 《빨강 연필》, 신수현 글, 김성희 그림, 비룡소
- 《빨강책: 우연한 만남》, 바바라 리만 글·그림, 북극곰
- 《상어가 나타났다!》, 천미진 글, 한상언 그림, 키즈엠
- 《새들은 시험을 안 봐서 좋겠구나》, 한국글쓰기교육연구회 엮음, 보리
- 《생명이 숨 쉬는 알》, 다이애나 애스턴 글, 실비아 롱 그림, 웅진주니어
- 《소피가 너무너무 속상하면》, 몰리 뱅 글·그림, 책읽는곰

- 《숨바꼭질》, 앤서니 브라운 글·그림, 웅진주니어
- 《쉬는 시간 언제 오냐》, 초등학교 93명 지음, 휴먼어린이
- 《아름나라 노래세상》, 고승하 지음, 지식산업사
- 《아이스크림 똥》, 김윤정 글·그림, 살림어린이
- 《안 돼!》, 마르타 알테스 글·그림, 북극곰
- 《안녕, 폴》, 센우 지음, 비룡소
- 《알사탕》, 백희나 글·그림, 책읽는곰
- 《앤서니 브라운의 마술 연필》, 앤서니 브라운과 꼬마 작가들 글·그림, 웅진주니어
- 《앤서니 브라운의 행복한 미술관》, 앤서니 브라운 글·그림, 웅진주니어
- 《어린이 감정 요리법》, 마크 네미로프·제인 아눈지아타 글, 크리스틴 바투즈 그림, 아이맘
- 《엄마야 누나야》, 김소월 외 지음, 보리
- 《엄마의 런닝구》, 한국글쓰기연구회 엮음, 보리
- 《여우가 오리를 낳았어요》, 쑨칭펑 글, 팡야원 그림, 예림당
- 《오싹오싹 당근》, 에런 레이놀즈 글, 피터 브라운 그림, 주니어RHK
- 《오싹오싹 팬티》, 에런 레이놀즈 글, 피터 브라운 그림, 토토북
- 《왕자님을 데려다 주세요》, 하인츠 야니쉬 글, 비르깃 안토니 그림, 주니어김영사
- 《왜 내가 치워야 돼》, 정하영 지음, 책속물고기
- 《으뜸 헤엄이》, 레오 리오니 글·그림, 마루벌
- 《작은 집 이야기》, 버지니아 리 버튼 글·그림, 시공주니어
- 《장갑》, 에우게니 M. 라쵸프 글·그림, 한림출판사
- 《점》, 피터 H. 레이놀즈 글·그림, 문학동네
- 《종이 봉지 공주》, 로버트 먼치 글, 마이클 마르첸코 그림, 비룡소
- 《지각대장 존》, 존 버닝햄 글·그림, 비룡소
- 《진짜 코 파는 이야기》, 이갑규 글·그림, 책읽는곰
- 《짧은 귀 토끼》, 다원시 글, 탕탕 그림, 고래이야기
- 《최고의 이름》, 루치루치 글·그림, 북극곰
- 《친구란 뭘까》, 조은수 글, 채상우 그림, 한울림어린이

- 《커다란 방귀》, 강경수 글·그림, 시공주니어
- 《쿠키 한 입의 인생수업》, 에이미 크루즈 로젠탈 글, 제인 다이어 그림, 책읽는곰
- 《토비 롤네스》, 티모테 드 퐁벨 글, 프랑수아 플라스 그림, 주니어김영사
- 《틀려도 괜찮아》, 마키타 신지 글, 하세가와 토모코 그림, 토토북
- 《파도야 놀자》, 이수지 글·그림, 비룡소
- 《파랑이와 노랑이》, 레오 리오니 글·그림, 물구나무
- 《플라스틱 섬》, 이명애 글·그림, 상출판사
- 《핑거 플레이》, 배수현 글·그림, 라운드그라운드
- 《하뿌의 분홍 리본 엉덩이》, 서정하 글, 윤혜지 그림, 주니어김영사
- 《할까 말까?》, 김희남 글, 윤정주 그림, 한솔수북
- 《화가 나서 그랬어》, 레베카 패터슨 글·그림, 현암주니어

오정남
밀양초등학교 교사. 30년차 초등교사로, 진주교육대학교 교육대학원 학교상담과를 졸업했다.
아이들이 쓴 시와 그림들에서 그림책의 속살을 본 순간 초등 그림책 쓰기에 대한 열망을 갖게 되었다. 그림책에 풀어 놓은 아이들의 삶, 감정, 관계, 꿈, 상상력, 창의성 등을 보며, 그림책의 가능성을 여러 선생님들과 나누기를 희망한다. 또한 독서의 출발이 그림책이라 믿으며, 그림책으로 아이들과 늘 새로운 만남을 갖고자 노력하고 있다.
지은 책으로 《기적의 한 줄 쓰기》, 《달력으로 배우는 우리 역사 문화 수업》, 《초등 한국사 놀이북》, 《보물지도 5》(공저) 등이 있다.

박은영
밀양초등학교 교사. 22년차 초등교사로, 진주교육대학교를 졸업하고 경남대학교 교육대학원 상담심리과를 졸업했다. 글밥이 많은 책을 읽기 힘들어하는 아이들도 그림책은 쉽게 책장에서 꺼내 읽는다. 직접 그림책을 쓸 때는 자신의 삶, 생각, 상상력 등을 마음껏 펼쳐 낸다. 그래서 초등 그림책 쓰기를 할 때면 '아이들의 세계가 어떻게 펼쳐질까', 늘 기대하며 기다리게 된다.

강현주
6년차 초등교사로, 대구교육대학교를 졸업하고 현재 대구교육대학교 교육대학원 영어교육 석사 과정 중에 있다. 아이들의 꿈을 발견하고, 나아가 그 꿈을 키워주고 실현할 수 있게 도와주는 교사가 되기 위해 끊임없이 노력하고 있다. 그림책 쓰기 수업과 더불어 교육과정 재구성을 통해 아이들의 호기심과 상상력을 자극하는 창의적인 교육을 위해 연구, 노력하고 있다. 그림책 쓰기 수업의 경험이 아이들에게 꿈을 향해 힘차게 달려 나가는 밑거름이 되길 바란다.

따뜻한 마음이 자라는
초등 그림책 쓰기 수업

초판 1쇄 발행 2021년 6월 30일 | **지은이** 오정남·박은영·강현주 | **펴낸이** 이형세 | **제작** 제이오 | **펴낸곳** 테크빌교육(주) | **주소** 서울시 강남구 언주로 551, 프라자빌딩 5층, 8층 | **전화** 02-3442-7783(333) | **팩스** 02-3442-7793 | ISBN 979-11-6346-128-9 03370

- 이 책의 무단 전재와 무단 복제를 금합니다.
- 책값은 뒤표지에 표시되어 있습니다.